地緣政治 Vol.1

島鏈風雲

地理×戰略×大局

在強權競逐中換位思考，秒懂地圖上的叢林法則

序言

歡迎來到地緣政治新時代

文／林奇伯

近年來，地緣政治這門古典學科重新躍爲全球顯學。無論是學術期刊、國際媒體、經濟論壇或企業投資報告，都可見到熱烈討論。

趨勢何以致此？全球化盛極而衰是主背景。

二〇一三年中國提出一帶一路戰略後，世界政經板塊迅速摩擦、走位。貿易戰開打，強權洗牌，各種國際聯盟冒出，軍事演習日增，新冷戰態勢隱然成形。緊接著，新冠疫情來到，更是強迫企業醒悟，世界工廠的政治風向太不可測，全球化時代的長鏈分工也潛藏太多風險。於是產業鏈被重新切割，走向區域化，來到地緣經濟的新局面。

冷戰結束之後，有長達數十年時間，全世界陶醉在經濟緊密相依的甜蜜榮景中。如今新冷戰來了，政府與企業都不能再唱高調，亟需一套更具現實感、更一目了然、更容易據以決策的理論來釐清戰略與貿易思路，而帶有現實主義色彩的「地緣政治學」就成了首選。

國際關係和國內政治不一樣，人權與道義絕非各國政府決策的首要考量。在國際關係叢林中，國家必須把自身利益當作是至高無上的「道德」，才能守住主權完整、生存安全和經濟利益。所以，不管是民主陣營或獨裁國家，從政者攤開地圖，都可使用地緣政治的客觀理路來決定如何結盟與布局。而且，看著地圖，每個國家都有不同的視角，各自撥出來的算盤當然也不一樣。

台灣第一套常態出版地緣政治系列叢書

爲了協助讀者打開思路，明白文化推出台灣第一套常態出版的地緣政治系列叢書，提供讀者換位思考與產生自我洞見的園地，期許台灣加速形成專屬於自己的地緣政治思維。

特別的是，這也是第一套台灣自製地緣政治系列叢書，讀者不必再只能讀著外文翻譯書籍，用別人的視角來強合在自己的處境上，讀著讀著，總覺視野隔層紗，理應最具現實感的地緣政治視野反倒讓人更加迷惑，以爲自己是戴著美國眼鏡或日本面紗。

《地緣政治》首發作主題也選定「島鏈風雲」，聚焦討論與台灣最切身相關的島鏈變局，全方位解析天然地形與國際政治的獨特關係，以及島鏈爲何會成爲海權與陸權的爭鋒所在、爲什麼我們的前途總是會見到中國伸手和美國身影。

島鏈，正是地緣政治的活教室，也是全球智庫最關注的分析案例。就讓我們以本書爲開端，一起激盪出專屬於我們的地緣政治洞見。

3 全解島鏈密碼

新冷戰時代來臨，
太平洋島鏈正隱隱騷動著，
在海陸兩權爭鋒的洶湧波濤裡，
各自迅速就位，
化身為捍衛地緣安定的海上戰艦。

(攝影／陳嵩夫)

1 秒懂 島鏈地緣政治

太平洋島鏈的地緣政治，可說是自然地理與國際關係的絕佳組合。

在地圖上直看、橫看都一樣，從北到南三條島鏈剛好把歐亞大陸包圍起來，不管是陸權想要出海，或海權意圖圍堵，都得掌握這三道戰略線。

島鏈為何重要？風雲為何再起？全球目光何以聚焦台海？從七大地緣政治特色入手，即可秒懂島鏈牽動大局的玄機。

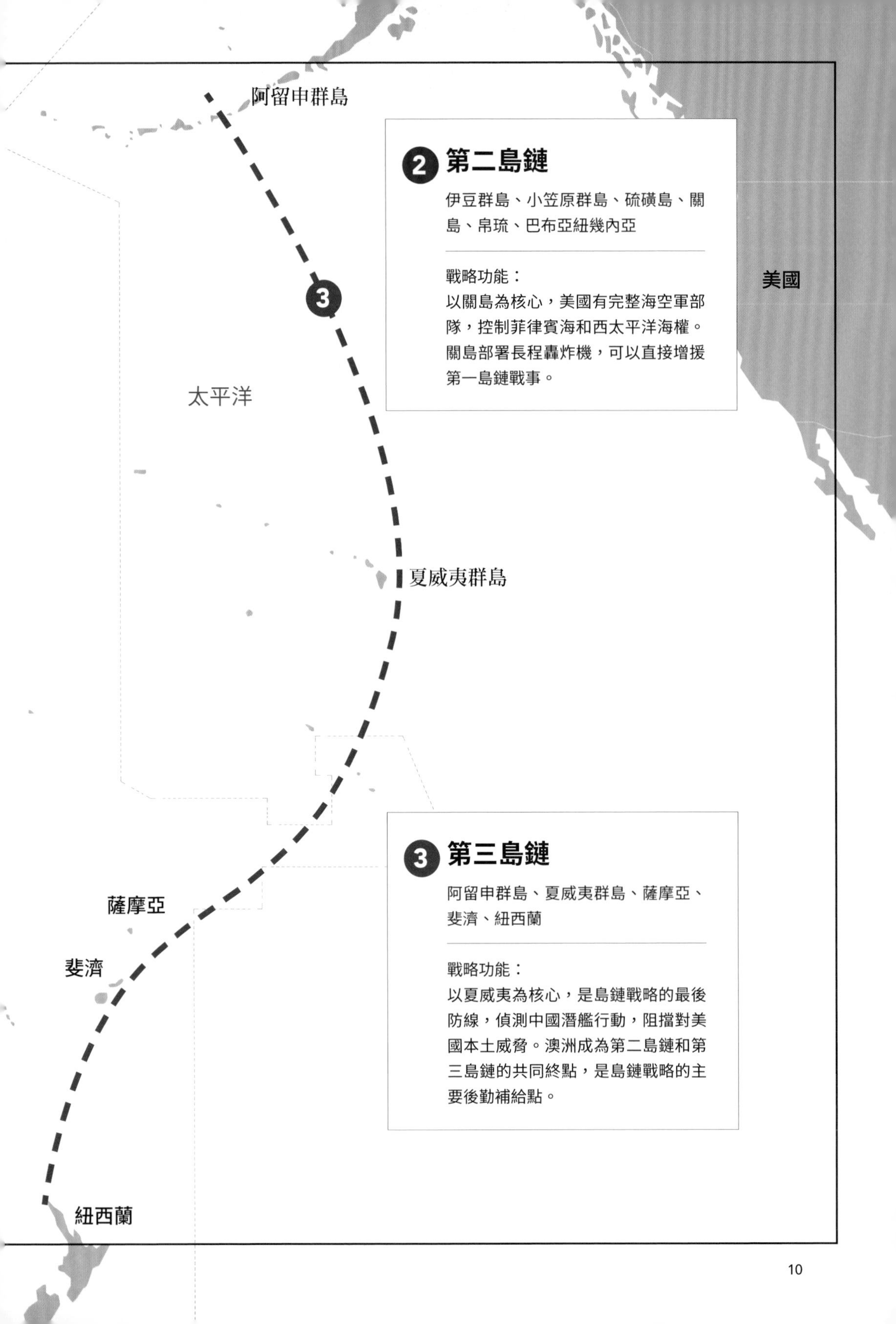

❷ 第二島鏈

伊豆群島、小笠原群島、硫磺島、關島、帛琉、巴布亞紐幾內亞

戰略功能：
以關島為核心，美國有完整海空軍部隊，控制菲律賓海和西太平洋海權。關島部署長程轟炸機，可以直接增援第一島鏈戰事。

❸ 第三島鏈

阿留申群島、夏威夷群島、薩摩亞、斐濟、紐西蘭

戰略功能：
以夏威夷為核心，是島鏈戰略的最後防線，偵測中國潛艦行動，阻擋對美國本土威脅。澳洲成為第二島鏈和第三島鏈的共同終點，是島鏈戰略的主要後勤補給點。

一圖全解 三條島鏈戰略功能
美國布局，中國阻礙

俄羅斯
千島群
1
朝鮮
日本海
韓國
日本
伊豆群島
中國
2
小笠原群島
沖繩群島
台灣
硫磺島
南海
菲律賓
關島
菲律賓海
越南
帛琉
馬來西亞
南太平洋
大巽他群島
印尼
巴布亞紐幾內亞
澳洲

1 第一島鏈

千島群島、沖繩群島、台灣、菲律賓群島、大巽他群島

戰略功能：

以台灣為地理核心，日本為主要駐軍基地，遏止中國穿越東海、南海，獲取前進太平洋路徑。美軍在此駐有最強大的海軍陸戰隊和海空軍聯隊，可牽制中國艦隊。

島鏈風雲再起

新冷戰時代來臨，島鏈風雲再起，台灣成為衝突核心，地緣政治提供最具現實感的觀看視野。

文／林俊宇

名詞解說

倭寇

十三到十六世紀活躍於朝鮮半島與中國沿岸的武裝海盜集團。早期成員多來自日本和琉球，所以稱「倭」；後期是華人集團為主，稱為「寇」。倭寇一直是威脅中國的海上侵擾勢力，神出鬼沒，行蹤不定，難以預測。

沉睡的獅子醒來，狂吼中

太平洋島鏈戰略，可說是世界少見「天然地形」和「國際關係」的絕佳結合，近代東亞國際史就是以島鏈爲核心的海陸兩權交鋒史。

解說島鏈戰略重要性的經典比喻有兩種，第一種是「沉睡的獅子說」；第二種是「矛與盾的交鋒說」。

有關「沉睡的獅子」，就像流傳甚廣的拿破崙名言：「中國是一頭沉睡的獅子，當這頭睡獅醒來時，世界都會爲之發抖。」在地圖上，歐亞大陸東側西太平洋上的三道弧狀島嶼鏈，既可以是陸權中國往外擴張的三道威猛吼叫聲波；也可以是海權國家綑綁獅子的層層鎖鏈。

太平洋島鏈是地球板塊碰撞和擠壓所形成，與歐亞大陸間相隔著緣海，這裡洋流速度快、夏季颱風強勁，一直讓島鏈和歐亞大陸維持既接近又疏遠的關係。

加上陸權中國自古最大的威脅是西北方遊牧民族，爲了防止西北方強權南下，中國耗費龐大人力與財力修築萬里長城，根本無暇顧及海岸線以外豐美的資源，在應對海上**倭寇**侵擾時也相形被動。

直到大航海時代，西風東漸，歐洲海權國家以島鏈爲基地，向中國叩關。十九世紀，英國海權向大清帝國發動鴉片戰爭，拿到大陸南方的香港島；中法戰爭，讓法國取得越南殖民地；甲午戰爭，日本拿到澎湖和台灣。海權列強有了海上施力點，趁著大清帝國積弱不振，以割據和租借方式，在大陸擴張實質勢力。「沉睡的獅子」不只被綑綁，還幾乎遭到肢解。

上帝畫出矛與盾，台灣是交鋒關鍵

第二次世界大戰後，島鏈戰略來到另一個新格局，可以用**「矛與盾的交鋒」**來解析。

來自北方的蘇聯勢力一路南下，赤化整個中國和中南半島部分國家。海權美國爲了圍堵共產主義擴張，提出島鏈戰略思維，圍起海上「鐵幕」（Iron Curtain），成功將赤色力量困鎖在歐亞大陸，冷戰降臨。

這道鐵幕在二十世紀的數十年間發揮了極佳效果，不只限縮了陸權野心的擴張，也間接促使共產中國實行經濟改革開放措施，化身「世界工廠」，成爲全球化浪潮最重要的引擎，以及全球最密切的貿易夥伴。

然而，島鏈國家與西方國家嚴重誤判，一廂情願認爲隨著中國經濟增

冷戰時期非常流行政治宣傳海報，甚至發展出獨特的設計美學脈絡。

長和現代化進程，民主化終將實現。殊不知，中國共產黨體制對權力掌握的執著程度遠遠超過外界想像，全球化讓西方國家反受中國製造產業鏈和消費市場牽制，最終發現中國開始挑戰全球民主秩序時，制約陸權野心的最佳時機已然錯過。

此時，就如東吳大學政治學系教授劉必榮所形容，太平洋三條弧形島鏈，就像是上帝之手爲地緣政治競逐畫出了「矛」與「盾」。在地圖上可清晰看出，中國就像一支「矛」，亟欲化身海權強國，往太平洋穿刺；美、日、台、菲、澳聯盟則是一面「盾」，把島鏈當作層層包圍網，維持西太平洋現狀。（見124頁）

在地圖上直看、橫看都一樣，台灣就位在矛盾的交鋒點上，同時是「陸權矛」前端的鋒芒，也是「海權盾」中心的握把，更是全球半導體產業鏈的核心國家。

秩序重組：五個盤整點

矛與盾的海陸強權交鋒，促使島鏈秩序重新快速整隊。

在島鏈的北邊，原先與中國交好的半島國南韓已選邊站。在經濟上，加入台美日韓「晶片四方聯盟」（Chip 4）；在政治上，總統尹錫悅也公開表態：中國帶來安全威脅，台灣議題是國際議題，美韓戰略同盟關係十分重要。

二〇二三年四月，尹錫悅與美國總統拜登簽署**《華盛頓宣言》**（Washington

名詞解說

《華盛頓宣言》(Washington Declaration)

二〇二三年四月美國與韓國政府共同發布聲明，美國首度把南韓納入核保護傘。內容提及，若北韓對韓國發動攻擊，美國將與韓國協同作戰，且不排除使用核武器。

Declaration），美國核潛艇將停靠南韓港口。此舉是四十多年來首見，因爲美國的「雷鳴潛艇」（Boomer submarine）最多可攜帶二十枚三叉戟 II 彈道導彈，具有「單艇滅一國」的威力，不只核威懾北韓，中國也感覺芒刺在背。

在島鏈的中間，台海中線默契被打破了，中國空軍頻繁跨越海峽中線。

二〇一九年，台灣向美國購買 F-16V 戰鬥機的消息傳出後，中國開始反制，派出戰鬥機貼著海峽中線飛行，台灣出動戰機伴飛監控。二〇二二年，時任美國眾議院議長裴洛西（Nancy Pelosi）訪台，強調美國與台灣的夥伴關係將會更加堅固，中國開始無視海峽中線默契，戰鬥機和海軍艦艇多次越線，試圖建立跨越海峽中線的「新常態」。（見 47 頁）

在島鏈的南邊，中國將觸角伸入南海，大興人工島礁及軍用機場，甚至開始發布當地氣象報告，並開起影城、咖啡廳、超商、銀行、醫院、郵局，還有火鍋店，企圖在媒體上營造出一般民眾生活痕跡與樣態，軟性宣示擁有整個南海水域的主權。

應對中國的頻繁動作，二〇二三年，美國與菲律賓恢復睽違五年的「肩並肩」（Balikatan）軍事演習，隨後美國又舉辦「雷霆對抗」（Exercise Cope Thunder）演習。二〇二二年，美國與印尼把每年都會聯合舉辦的「神鷹之盾」（Garuda Shield）軍事演習規模增加到共十四個國家參與，成爲「超級神鷹之盾」（Super Garuda Shield）。

在島鏈的東邊，扮演第一島鏈和第二條島鏈樞紐的澳洲已在中國導彈射程內，

尹錫悅

南韓總統尹錫悅罕見公開表態台灣議題是國際議題。

國土安全不再受到地理位置保護。近年澳洲積極落實核潛艇計畫，並協助東帝汶、巴布亞紐幾內亞等南太平洋島國發展經貿、金融與基礎設施，降低這些國家對中國的倚賴。

相對地，中國發展出「**一帶一路**延伸版」，積極投資、建設和金援南太平洋島國。美國企圖強化守備，與台灣邦交國帛琉、馬紹爾討論合作協議，讓美軍進駐。美國同時也與密克羅尼西亞簽署「合作備忘錄」（MOU），外界預測，未來密克羅尼西亞可能和台灣建交。

另外，**最值得注意的是，二〇二三年初，中國多個氣球東飄穿越美國本土上空，讓美國民衆眞實感受到中國對美洲本土的威脅，民意傾向支持與中國對抗。**

在島鏈的西邊，原先被認爲和太平洋島鏈不相干的印度，在面臨「中國珍珠鏈戰略」（String of Pearls Strategy）從南方包抄的態勢下，決定和美國展開印太戰略合作，與島鏈連成一線，並以民主國家之姿加入美印日澳「四方安全對話」（Quad），把外交策略改爲「東進政策」（Act East Policy），在東亞地區扮演更積極的安全角色，並擴大與區域國家建立戰略夥伴關係。（見 98 頁）

該走哪一步？地緣政治學是解答

島鏈風雲再起，各方都把焦點放在第一島鏈中心點的緊繃情勢，台灣的動向

名詞解說

一帶一路

中國於二〇一三年開始推動「一帶一路」跨國經濟與外交戰略，透過積極投資建設盟國，重現海陸上的新絲路與經濟帶，重整全球經貿版圖。

尤其受到關注。地理位置不可能一夕改變，台灣該如何主動掌握局勢，讓地緣特色變身爲自己所用的矛與盾，而非被動成爲海陸強權抗衡的棋子？台灣是島，該使用傳統陸權的思維看世界，或是改用海洋思維掌握主導權？

台灣積極布局海陸空立體戰略，只會讓衝突更激烈？以經濟與文化的力量，可以鎖緊島鏈戰線？台灣人該選擇堅守民主價值？走親中路線可以解決緊張局勢？

這些疑問，都可在地緣政治學中得到解答。因爲地緣政治學是認知世界最實用、最具現實感的途徑。看著地圖，仔細拆解，就能了解島鏈上的現況、問題、可能解方，以及無法預測的黑天鵝會有哪些，在推敲過程中逐漸產生洞見。

新冷戰，海陸強權爭逐，島鏈價值正被重新定義，理解地緣政治，是提供台灣跳脫民族情感與意識形態框架的最佳途徑。接下來，就先從秒懂島鏈地緣政治特色開始，逐步推進。

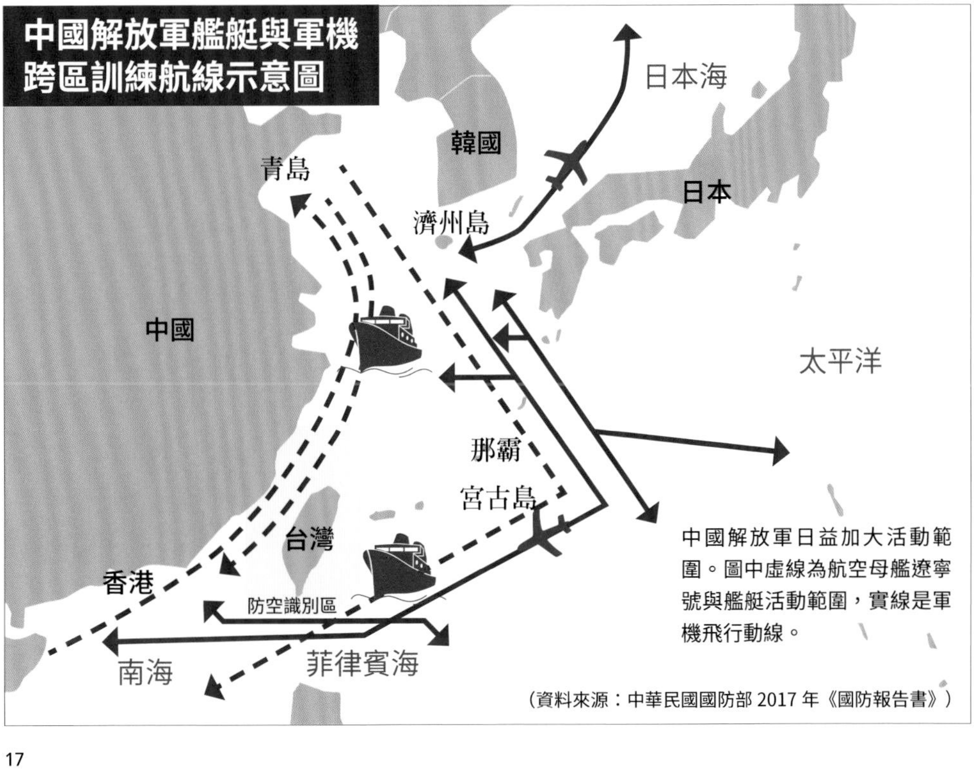
中國解放軍艦艇與軍機
跨區訓練航線示意圖
日本海
韓國
青島
日本
濟州島
中國
太平洋
那霸
宮古島
台灣
香港
防空識別區
南海
菲律賓海

中國解放軍日益加大活動範圍。圖中虛線為航空母艦遼寧號與艦艇活動範圍，實線是軍機飛行動線。

（資料來源：中華民國國防部 2017 年《國防報告書》）

特色 1

海權與陸權的交鋒

得島鏈者得天下

在地緣政治學中，最重要的概念就是「海權」和「陸權」。

所謂的**海權**，是指海洋國家認爲只要控制了海洋，就控制了世界，所以總是透過海洋戰略來建構軍事安全與維持國家繁榮。戰略思維特別強調快速、自由的海上行動能力，只要支配全球貿易路線，就能成爲強權。

陸權，是大陸國家把歐亞大陸視爲世界的樞紐，具有易守難攻的特質，認爲只要控制歐亞非大陸，就控制了全世界。戰略思維傾向以擴大領土範圍，來獲得最多自然與人力資源，強調即使海洋貿易線遭到封鎖，也能靠著陸地資源維持國家榮景，所以領土愈大愈好。

綜合海權和陸權主張，美國地緣政治學家尼可拉斯．斯皮克曼（Nicholas Spykman）提出形塑今日全球戰略觀的**「邊緣地帶理論」**（Rimland theory）**——只要誰控制了邊緣地區，就控制歐亞大陸；控制歐亞大陸，等於掌握著世界的命運。位於歐亞大陸東側外緣的島鏈正好符合斯皮克曼邊緣地帶論的說法，成爲海陸兩權主要的競逐點與衝突點。**

歐亞大陸東側三層弧形島鏈，每一層從北到南串在一起，深具貿易和軍事戰

名詞解說

赤化

赤化又稱「共產主義化」。二十世紀初蘇聯成立後，積極對外傳播共產主義思想，並協助扶植各地分支，以革命方式推翻原有政府。因共產黨和共產國家多以紅色作為意象和旗幟主色調，故稱為「赤化」。

略價值。尤其第一島鏈，緊貼著大陸外側，不但能當作海運航行中繼，位於島鏈與大陸之間的緣海通道更是東北亞和歐洲之間最短航線。

海陸微妙平衡，你退就是我進

輪船從北邊的日本港口啓航，一路往南，邊走邊停靠各國港口裝卸貨櫃。途經台灣和菲律賓，駛過南海，來到新加坡。若再穿越狹長的麻六甲海峽，就可直抵印度，遠至歐洲。這條緣海航道也是東亞國家由中東運輸石油的命脈。**因此，哪個國家能掌握陸地外緣的島鏈，就等於掐住世界貿易的脈搏。**

「得島鏈者，握住世界命脈」的態勢，其實從十五世紀末就開始了。當時歐洲大航海艦隊大舉向印太地區推進，尋找貿易可能。第一島鏈上的印尼、菲律賓、台灣等島嶼陸續被大航海國相中，建立起軍事要塞，作爲與陸地大國貿易的中繼基地。二次大戰後，亞洲勢力重新洗牌，蘇聯藉著建立共產黨政權，逐步往海洋推進，成功**赤化**北朝鮮、中國、越南等地，以美國爲首的海權國家十分警覺，建構層層海上包圍網，共發展出三條島鏈的戰略部署。

島鏈也是海權與陸權國家權力平衡的支點，情勢不一定都在緊張狀態。當陸權與海權的關係和緩時，島鏈國家便高度發揮貿易中繼功能。但情勢緊張時，就會變成「你退就是我進」的態勢，最典型的例子就是「美軍退出菲律賓」事件。（見第41頁）

特色 2
島鏈國是海權屬性

島鏈國是島，多採海權思維

地緣政治學強調國際政治可以用一個國家的「地理特徵」、「鄰國關係」，以及「在全球戰略格局中的位置」三項要素來解析，並形塑該國是陸權或海權的屬性。

首先，國家的地理特徵，是指該國的位置、領土範圍、陸地形狀、氣候水文、天然資源、國土面積、人口數量等元素，影響了該國的戰略思維。

第二，周邊的鄰國概況，包含了鄰國的面積、強弱、數量、國界特色、攻防難易等元素，決定地緣國家間的競合關係。

第三，在全球戰略格局中的位置，凸顯了該國的重要性、是否處於衝突熱點，以及結盟策略。

從當代地緣政治脈絡來看，陸權國家的國土通常位於大陸，具有「藉著擴張領土以確保陸路優勢」，及「尋找**不凍港**出海口來防止遭到圍堵」兩大特質；俄羅斯和中國是最典型的代表。

海權國家重視貿易利益，以維持海上貿易路線的暢通和掌控權爲戰略思維，且因貿易動線遍布全球，建立由點線面所構築成的跨海洋國際同盟尤其重要；美

名詞解說

不凍港

高緯度地區冬季不會結冰的港口，通常海水鹽分較高，或有暖洋流經過，所以能讓船舶正常進出。

國、英國和日本是當代海權的代表。

根據上述地緣政治特徵，島鏈上的國家皆是四周由海洋環繞的島嶼，因此在戰略布局上也多以海權爲發展核心，重視海軍、空軍、港口建設等建置和發展。

海陸權對峙時，島鏈國必須選邊站

在承平時期，島鏈國與陸權國貿易關係緊密，戰略上或許有機會左右逢源。但是當海陸兩權正面交鋒時，島鏈國必須選邊站，不會再有模稜兩可的空間。

而且，島鏈國屬性本來就是海權，當衝突發生時，自然只能往海權陣營靠攏，否則容易淪爲陸權的附屬，被以「租借設施」或「占領」的方式收歸己有，成爲陸權出海的戰地前沿。

島鏈國不再模稜兩可的例子是菲律賓。雖然菲律賓位居島鏈南端，在二〇二二年菲律賓總統小馬可仕（Ferdinand Marcos Jr.）上任後，改變前任總統杜特蒂（Rodrigo Duterte）「親中遠美」的路線，轉與美國深化軍事合作，讓美軍取得四個菲律賓新軍事基地的使用權。美軍駐菲軍事基地總數也從二〇一四年美菲簽訂《加強防務合作協議》（EDCA）時的五個，提高到九個，且未來還可能再增加。此舉補足了美國太平洋島鏈戰略的「菲律賓缺口」。（見 42 頁）

島鏈國家四周被海洋圍繞，屬性通常是海權國。圖為中華民國海軍驅逐艦停靠在高雄港。

特色 3 多層次天然緩衝地帶，島鏈國自設緩衝區

海洋就是天然緩衝地帶

每個國家的領土都有疆界，由交界雙方議定，分爲**天然疆界**與**人爲疆界**兩種形式。

在地緣政治實務上，相鄰的兩個國家會設法在疆界周邊建立「緩衝地帶」（或稱緩衝區），讓彼此跨越疆界有難度，當其中一方想侵略、擴張領土時，另一方不至於措手不及。

最典型的天然緩衝地帶是印度和中國交界處的喜馬拉雅山區。印度和中國的邊界總長近二千公里，且多處段落存在著領土爭議和糾紛，但疆界剛好位在天險喜馬拉雅山南麓和其分水嶺，形成天然緩衝區，因此中印兩國雖時常發生衝突，卻不至於瞬間發生大規模、大面積占領行動。

人爲緩衝地帶的典型是，二次大戰前後蘇聯在國土外圍建立的附屬國，包括波羅的海三小國、東歐諸國、蒙古國等，被蘇聯當作是北約和中國邊界的緩衝地帶，這些相鄰小國家也因此變成強權交鋒前線。

島鏈國自己還會設立緩衝區

名詞解說

天然疆界
包括高山、河流、峽谷、緣海、海峽、海洋等天然地形，較難跨越，交界國彼此容易防衛，雙方衝突時也較有緩衝空間。

人為疆界
透過書面議定，交界國會以界碑或界牆形式標記。

冷戰時期，金門是台灣對抗中國的前線軍事緩衝地帶，海灘上布滿防止共軍登陸的「軌條砦」。

仔細觀看地圖，就會發現島鏈國家擁有非常多層次的緩衝地帶和戰略選擇。

第一個層次，**海洋是島鏈國的天然緩衝區，鄰國間較不易發生立即性大規模衝突**。因爲沒有陸地上相連國家，島嶼國四周的緣海、海峽和海洋，就成爲國與國之間最佳的天然緩衝。尤其第一島鏈和歐亞大陸間的台灣海峽、南海、東海、日本海，以及島鏈國之間的海峽，風強浪勁，自古以來就很難橫渡，黑潮和親潮等於是海面上的高牆。在地圖上把視線放遠，島鏈國家若彼此結盟或和海權強國結盟，當前方發生衝突時，就可由後方提供後勤補給。但是，島鏈國家若與陸權結盟，就會變成陸權向海洋的突破口。

從第二個層次來看，島鏈國在自己的前線也會設立緩衝區。最顯著的例子是，冷戰時期台灣就把金門和馬祖當作前線，即使八二三砲戰衝突激烈，台灣仍有效將戰火維持在大陸邊緣，遠離本島。

到了冷戰中期，兩岸逐漸產生不成文的「海峽中線」默契，相互緩衝；冷戰結束後，國際間有在台灣海峽航行的需求，海峽中線更加確立。

特色 4

布滿掐住脖子的咽喉點

第一島鏈上的咽喉點特別多

「咽喉點」的英文「Choke Point」非常傳神，直譯就是「掐住咽喉的地點」。掐住它，等於掐住世界貿易與戰略的脖子。

咽喉點通常是海峽或運河通道，地理位置特殊，航道狹小，只要使用少量兵力就可以寡擊眾，戰略重要性可見一斑。

掌握距離短、安全、穩定的航線，是地緣政治的重要課題。拿起地球儀觀看，海洋占了全球七成面積，其餘三成才是陸地。全球貿易有八成到九成是透過海運，海洋的重要性超過它的面積占比，每個國家都會盡其所能保護咽喉點，維持貨物和**石油能源運輸線**暢通。

太平洋島鏈咽喉點也特別多。第一島鏈從北到南，最重要的咽喉點包括：貫通日本海與鄂霍次克海的宗谷海峽，是防守俄羅斯出海的要塞。日本本州島和北海道之間的津輕海峽，是日本海和太平洋間的重要通道。日本和韓國之間的朝鮮海峽，同時連接了黃海、東海和日本海。

宮古海峽位於沖繩島及宮古島之間，附近有中日台三方主權爭議的釣魚臺列嶼，又是中國穿越第一島鏈通往太平洋最便捷的航道。所以，近年美日聯盟和陸

名詞解說

石油能源運輸線

石油可透過陸上輸油管和海上油輪兩種方式運輸。陸上輸油管只適合位於油田周邊的國家或地區使用，多數石油仍是以海路運送。

製造業愈發達的國家，海上油輪的進出頻繁度也愈高。

權中國各自在這個區域頻繁軍事演習。

台灣海峽，雖然最窄處的距離寬達一百二十六公里，卻因位居東亞貿易航線樞紐，加上台海局勢緊繃，二戰至今，一直是第一島鏈防衛網的重點。

巴士海峽，位於台灣和菲律賓之間，船隻往來頻繁，也是中國突破第一島鏈的主要通道。

中國已突破小型咽喉要塞

近年來，中國積極建立海上絲路，軍艦頻繁穿越第一島鏈，也在南海建造人工島和軍事設施，並藉由和東協國家的反恐與反海盜合作，突破菲律賓與印尼水域小咽喉點，讓島鏈情勢愈趨緊張。（見72頁）

在菲律賓與印尼水域，中國已突破的小咽喉點包括大巽他群島上的龍目海峽、巽他海峽和翁拜海峽。

中國頻繁穿刺咽喉點，讓海陸兩權對峙態勢日趨緊繃，島鏈國的戰略連線也開始鎖緊。

特色5

鏈外有鏈，科技讓時空微變形

時空變形，第一島鏈已在中國射程內

日本新幹線開通後，東京與大阪間交通時間變短，本州島的人文地理寬度也因科技而變窄了。高鐵開通讓台北到高雄只要花一個半小時車程，台灣西部的地理面貌也變得很壓縮。

科技讓時空距離微變形的現象，同樣發生在地緣政治上。冷戰時期，台灣可將前線押在金門和馬祖，但現在中國的長程飛彈、巡弋飛彈與彈道飛彈，都可直接攻擊第一島鏈國家的機場、港口、指管中心等軍事設施。中國戰鬥機又頻繁穿越台灣海峽中線和巴士海峽，島鏈國家的反應時間縮短到只有幾分鐘。

在台海北邊，日本同時感受來自中國和北韓的導彈與戰機威脅。在台海南邊，越南、菲律賓和印尼不但位在飛彈射程內，中國在南海建設人工島軍事設施，也讓這些國家面臨軍事反應被「壓線」到緊貼國境的危機。

第二島鏈變身運籌中心，第三島鏈擔任後勤補給

在如此態勢下，第二島鏈和第三島鏈的戰略重要性就提升了，是現今美中海陸權競逐的新場域。

名詞解說

飛彈防禦系統（Missile Defense）
飛彈防禦系統是一整套包含雷達偵測、以飛彈與鐳射摧毀入侵飛彈的防禦武器系統。

從海權美國的角度來看，第一島鏈若爆發戰爭，第二島鏈可立即馳援，第三島鏈負責源源不絕的補給。美國將運籌中心點設在第二島鏈的關島，因爲關島可以構成「關島—日本—韓國」、「關島—台灣—日本」、「關島—達爾文—珍珠港」，甚至「關島—夏威夷—阿拉斯加」等多個靈活的戰略三角形。(見80頁)

近來，美國規劃在關島架設全方位彈道**飛彈防禦系統**（Missile Defense），就是爲了能從更遠方強化嚇阻中國的效果。另外，美國也協助扮演第二、第三島鏈樞紐的澳洲建構核動力潛艇戰力，藉此提高收網靈活度。

從陸權中國的角度來看，現在是轉型爲「海陸權並進」格局的關鍵時機。中國最具野心的盤算是一舉拿下台灣，將台灣打造成前線軍事基地，以台灣島當作軍事前線和緩衝地帶，中國本土安全才能一勞永逸，並可自由出入太平洋。

不過，攻打台灣必須付出龐大的代價，中國乾脆直接「跳島」，從外部突圍，所以中國以經濟誘因吸引南太平洋國家建交、簽訂《安全協議》，允許中國軍艦停留和補給。(見85頁)

中國國家主席習近平不斷喊話：「太平洋夠大，容得下兩個國家。」就是在安撫美國不要對南太平洋局勢太在意。

中國空軍的現代化程度，一直為國際好奇。圖為中國的翼龍-2軍用無人機在2017年巴黎國際航空展上亮相。

特色 6

沒鎖那麼緊，現實和情感正拉扯

最容易鬆脫的珠串

美國雖然逐步鎖緊島鏈防線，但其實也沒鎖得那麼緊，因為各國各有盤算，或是內部仍糾結在民族主義情感中。

目前太平洋島鏈最容易鬆脫的珠串，包括第一島鏈上的南韓、台灣、菲律賓，以及南太平洋上的島國，如密克羅尼西亞、索羅門群島等。

南韓位於朝鮮半島，地理上雖不算「島嶼」，但因貼近共產主義中國、蘇聯和北韓，從冷戰時期開始，美國就協助南韓維護國土安全。**在戰略上，美國未將南韓納入島鏈，倒是中國把南韓當作是島鏈的一員**。不過，南韓與中國一直保持經濟與外交友好關係，防禦重心又放在對付北韓，中韓長久以來相安無事。但近來隨著海陸兩權對峙愈來愈緊繃、「四方晶片聯盟」（Chip 4）成形，新任總統尹錫悅公開表態中國正帶來安全威脅，南韓儼然進入美國島鏈防衛集團，所以馬上引起中國跳腳。不過，後續南韓態度是否有變，值得觀察。

菲律賓因美國長期駐軍，內部醞釀出反美情緒，對島鏈防線的態度也反覆搖擺。一九九一年艾奎諾夫人（Corazon Aquino）時代，參議院曾否決了美軍續駐的決定；二〇一六年親中國總統杜特蒂積極參與中國「一帶一路」計畫，對南海

名詞解說

四方晶片聯盟（Chip 4）

由美國、台灣、日本及韓國四國組成，主要目的是強化民主陣營的全球半導體供應鏈戰略布局，避免先進科技流向共產中國。

主權態度消極。直到二〇二二年小馬可仕上台後，才增加美軍可用基地、恢復停辦多年的美菲聯合演習，暫時將第一島鏈缺口再度補上。

至於南太平洋島國，攸關中國的海權強國夢能否實現。中國除了陸續挖角台灣邦交國，二〇一四年中國國家主席習近平還曾親訪南太平洋島國。

美國爲了反制，二〇二三年拜登總統親訪巴布亞紐幾內亞，與島國領袖們會面，並在密克羅尼西亞重設大使館，鞏固邦誼。

情感是理性眼前的一重紗

另一個島鏈最易鬆脫的珠串則是台灣。

台灣因國家認同、民族情感、意識形態等因素，不同政黨對中國抱持不同態度。加上台灣爲民主國家，每次總統大選都可視爲是民意在親中或續留美國防線的新一輪選擇，若選舉結果由主張兩岸統一的政黨獲勝，台灣就易在島鏈防線上鬆脫。

「情感」就像台灣理性選擇時眼前的一道朦朧的紗，即使台灣民意選擇「維持現狀」，也很難擺脫各種統獨光譜上的情感變數。

不過，地緣政治學提供最具現實感的國際觀。雖然台灣與中國在主權議題上未達成共識，彼此產業鏈依存度也隨著情勢而浮動，但從地圖上看，台灣只要和中國統一，就會變成中國對抗海權美國的前線軍事基地和戰火緩衝區。要選擇理性或感性，正考驗著台灣人的智慧。（見第 146 頁）

南太平洋島國布局，
攸關中國的海權強國
夢能否實現。

特色 7

主權爭議最多，現況浮動

二戰遺留多處主權爭議島嶼

太平洋島鏈周邊是全球最多主權爭議的地帶之一。尤其第一島鏈從北到南，處處有二次大戰遺留下來未解的主權難題。偏偏，這些主權未定島嶼又都極具戰略價值。

最北邊的北方四島是天然不凍港，扼住俄羅斯出海關鍵位置，日俄兩國爭執不定。位於日韓之間的獨島（竹島），掐住日本海（北韓和南韓稱東海）的咽喉點，是日韓民族情緒最敏感的神經。台灣海峽北側的釣魚臺列嶼由日本實質控制，但台灣和中國都主張擁有主權。（見 62 頁）

南海更爲複雜，一共有台灣、中國、越南、菲律賓、馬來西亞、汶萊、印尼等七個國家在這裡交疊著主權爭議。再加上中國主張「九段線」領海劃定原則，並積極建設人造島，等於霸氣地把整個南海都視爲中國領土，整個南海劍拔弩張，中國和菲律賓、越南都曾發生過戰端。（見 72 頁）

如果不是東亞區域的經濟活動熱絡、貿易互賴程度高，島鏈幾乎就像處在二戰還沒結束的狀態。

名詞解說

斯里蘭卡港口租借建設

中國向斯里蘭卡租借南部深水港漢班托塔（Hambantota port），為期九十九年，後來又增加九十九年。現在斯里蘭卡深陷債務泥沼，國家破產，情況宛如十九世紀帝國主義在中國的蹂躪。

現況浮動，有拉遠、拉長的潛力

島鏈的地緣政治現況也是浮動的，而且具有延伸性，中美都試圖將島鏈拉得更遠、更長。

中國在北方強權蘇聯解體後，來自陸地鄰國的威脅稍微解除，開始逐步從陸權國家轉型爲海權，習近平的「一帶一路」構想就是設法以經濟廊帶爲基礎，進一步建構軍事影響力，但此舉也挑戰原有的海陸兩權平衡狀態。從南邊把整個印度包圍起來的**港口租借建設**，被稱爲「珍珠鏈戰略」，就同時具有軍事和貿易兩種功能。但中國最擔心的仍然是「麻六甲困境」（Malacca Dilemma）。麻六甲海峽是東南亞最重要的咽喉點，也是連接太平洋與印度洋最重要的國際水道，此處通道狹窄，容易封鎖，由新、馬、印尼三國共管，一旦掐住這個咽喉點，就等於掐住中國的戰略石油通道。

面對中國往海洋發展的企圖心，美國除了加強多島鏈的戰略建構，也提出「印太戰略」，將島鏈防衛網從太平洋西側一路往印度洋延伸。其中，新加坡長期與美國軍事合作，樟宜海軍基地是美國航空母艦停靠的整備點，也部署了長程無人偵察機，等於是順著一帶一路的路徑，反制中國海上擴張力道。

有趣的是，島鏈國幾乎都是海權思維，將陸權視爲假想敵，但中國同時也是印太重要產業鏈所在，與各國在經濟上互動密切。「亦敵亦友」，正是島鏈的最微妙的地緣政治特色。

印度維拉特號航空母艦和海岸警衛隊艦艇停泊在印度孟買港口。

日本是最早展開島鏈領土布局的國家

漢斯沃思（Harmsworth）百科全書上的這張老地圖，顯示在 1920 年代，日本把台灣和朝鮮半島都納入主要領土。地圖上還標示出重要港口，以及煤、銅、棉、蠶絲等產業的分布地點。

從這張地圖可看出，日本在 19 世紀末就明瞭太平洋島鏈的戰略重要性，並陸續發動戰爭，獲取更多島鏈領土。二次世界大戰期間，日軍南下和西進，把多數太平洋島嶼納入囊中，希冀實現「大東亞共榮圈」夢想。

現今中國的「海上絲綢之路」與「珍珠鏈戰略」思維，與二戰前的日本戰略十分類似。

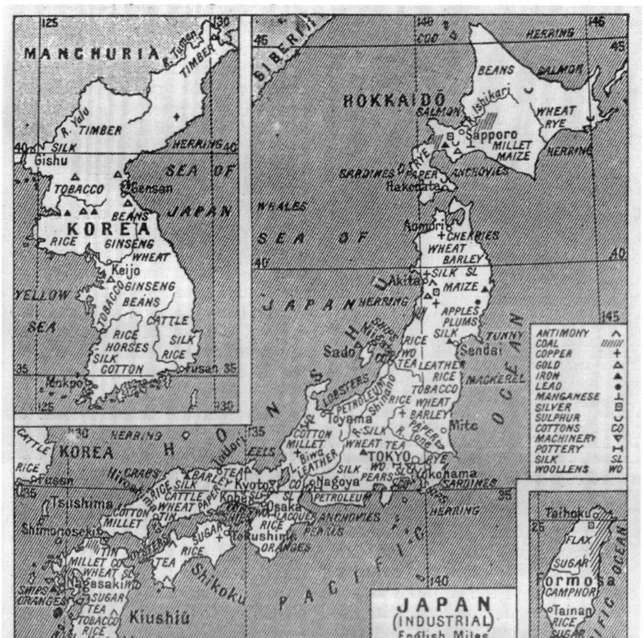

Japan. Map showing the seaports and indicating the areas where articles of general consumption are produced

2 島鏈歷史：冷戰產物，新冷戰關鍵

島鏈，是冷戰的產物，也是新冷戰的關鍵。

二戰之後，美國圍起島鏈戰略防衛網，成功將共產赤化力量阻擋在大陸地帶，也間接催化中國走向經濟改革，化身世界工廠。

但就在各國對共產勢力懷有綺想、逐漸放鬆警戒之際，中國已然崛起，並積極挑戰全球民主秩序。海陸兩權一步步交鋒，終於形成新冷戰格局。

海陸兩權東亞戰略史

現代島鏈歷史，是海陸兩權的戰略史與衝突史，也是考驗區域和平的重要關鍵。

文／柯筆辰

冷戰牽起島鏈防衛網

最先構築成島鏈防衛網戰略的是美國；最早有島鏈宏觀想法的是德國；最快大規模付諸行動的是日本。

位於西太平洋上的一連串島嶼，從大陸國家的角度看，若擁有這些列島，就像是擁有一層防護網。但從美國和島鏈國的角度看，列島如同一道封鎖線，阻攔陸權向大海進發。

島鏈戰略概念可以回推到帝國主義後期的十九世紀初，西方列強割據亞洲和太平洋島嶼，德國取得馬里亞納群島，及包括帛琉在內的加羅林群島，地緣政治學家**郝斯佛**（Karl Ernst Haushofer）稱這裡是「濱海島弧」，視為是中國、印度等大陸國家的保護屏障。

日本跟在其後，一八九五年取得台灣，展開一連串島鏈領土布局。先是一次大戰期間，從德國奪下密克羅尼西亞群島數座島嶼，當作是後續一連串「大東亞

名詞解說

郝斯佛（Karl Ernst Haushofer）

德國地緣政治學家，他綜合麥金德、契倫、拉采爾等學者的理論，發展出國家有機體、自給自足經濟、泛區域、海陸爭霸等概念。

共榮圈」建立過程的南向基地與戰略緩衝區，用以防備來自菲律賓與關島的美國威脅。二次大戰期間，日本再下一城，陸續從美國奪下關島、威克島，並劍指位於第二、第三島鏈上的索羅門群島和阿留申群島。

後冷戰進階到新冷戰

二戰結束後，改由美國布局對中國的島鏈封鎖網，日本化身美國盟友，美軍進駐日本，建立東亞最強的海空軍基地。韓戰爆發後，美國開始扶植台灣軍事力量，用以警戒中國。另外，再加上菲律賓、澳洲、印尼等國家，成爲堅強太平洋島鏈盟友戰略。

隨著中國改革開放，中美重新建立邦交，再到蘇聯解體，美國對共產主義擴張放下戒心；中國則把握蜜月期，以其日益增長的經濟力量「和平崛起」，在南海、東海、台灣海峽甚至遙遠的南太平洋，逐步提升影響力和軍事力。

台灣位居島鏈核心戰略位置，距離中國最近，在政治和歷史因素上，中國認爲台灣是其固有領土；在全球戰略上，台灣更是中國通往太平洋的門戶，在在使得台灣海峽成爲島鏈中情勢最緊張複雜的地區。

二戰之後，島鏈戰略是怎樣被架構出來的？島鏈聯盟又爲何時鬆時緊？接下來的島鏈歷史連走，快節奏揭開一幕幕較勁過程。

阿留申群島橫跨東、西經 180 度，為美國領土上的最西及最東點，也是第三島鏈的最北端，群島上布滿火山，曾是二戰時日本覬覦的重點。

島鏈歷史連走

文／柯筆辰

1 美國提出「島鏈」概念

一九四五年，第二次世界大戰結束後，國際局勢走向美國與蘇聯兩大強權對抗態勢。美國先是在歐洲圍起鐵幕，建立陸地上的反共產戰線；在亞洲太平洋地區，也以西太平洋一連串的島嶼爲基地，從北到南，圍堵蘇聯和中國通向太平洋的航道。

我們所說的「第一島鏈」雛型，是在一九五〇年由時任美國國務卿艾奇遜（Dean Acheson）所提出的「西太平洋防禦圈」（Western Pacific Defense Perimeter），又稱「艾奇遜防線」（Acheson Line）。從最北端的阿留申群島，一路向南延伸至日本、沖繩和菲律賓，當時台灣和南韓並不在防線之內。

隨著美蘇對抗局勢轉變，中國崛起，第一島鏈納入了台灣、印尼，形成對中國的完全包圍網。當中國解放軍的軍事力量進一步提升後，美國開始經營「第二島鏈」，也就是距離中國更遠一些的一連串駐軍據點，北起日本橫須賀，再到關島在內的馬里亞納群島和印尼哈馬黑拉島。

美國海軍爲了確保在太平洋上擁有絕對優勢，又再建立「第三島鏈」，從阿拉斯加、夏威夷到澳洲、紐西蘭（因澳洲位於第二島鏈南端，日後被歸類爲第二島

名詞解說

有限度混亂

美國在國際關係中，刻意營造對立局勢，藉此獲取自身的最大利益。從冷戰時期的美蘇對立，到現在的美中對抗，美國大多採取搖擺立場對待身處其中的第三國，創造談判籌碼。

鏈和第三島鏈間的樞紐），如此層層包圍，建構起美國全球戰略中最關鍵的「島鏈」體系。島鏈是爲了美國政治、軍事和國際貿易利益最大化而設置，美國長期以來採取**「有限度混亂」**的態度，營造可控制的緊張關係，也因此讓島鏈諸國的政治動向和美中蘇關係密不可分。

正因爲這樣的搖擺策略，政治地位特殊、地理位置又居要津的台灣，成爲島鏈中最關鍵也最敏感的主角。一開始被排除在外的台灣，爲何躍居關鍵地位？主因就在一九五〇年爆發的韓戰。

2 韓戰讓世界轉彎，島鏈成形

一九五〇年六月二十五日，北韓朝鮮人民軍跨越北緯三十八度線入侵南韓，一夜之間攻進離邊境不遠的南韓首都漢城（首爾），將大韓民國部隊一路逼退到南方。然而就在一天之內，美國總統杜魯門（Harry S. Truman）下令美國海空軍攻擊朝鮮人民軍，代表聯合國部隊展開反擊。在名將麥克阿瑟（Douglas MacArthur）指揮下，美軍花費三個月時間奪回漢城，並在十月跨越三十八度線，進一步攻占北韓首都平壤，逆轉局勢。

由於蘇聯表態不參戰，北韓求助共產同志中國，毛澤東發起「抗

韓戰歷史照片，一位年輕美國軍人站在非武裝地區南界。

美援朝」行動，組織志願軍參戰，和美國展開超過一年的激烈戰鬥，最終雙方在一九五一年六月底初步停火，展開和談。

在韓戰之前，美國的眼中釘只有蘇聯，甚至認爲有可能利用中國制衡蘇聯，但經此一戰，美國戰略思維扭轉，將原本的西太平洋防線，正式定調爲「第一島鏈」，並納入台灣、南韓與印尼，徹底封鎖中國通往外海的航路。

新的思維徹底改變了台灣地位，戰爭初期，美國與台灣於一九五二年簽署《聯防互助協定》（Mutual Defense Assistance），美軍第七艦隊協防台灣海峽，到一九五四年美國與台灣簽訂《中美共同防禦條約》（Sino-American Mutual Defense Treaty），美軍駐台協防，海空軍大舉進駐，最高時有數十艘軍艦和上萬名美軍駐台，這成爲台美之間軍事互助的起點，也奠定台灣從此成爲第一島鏈核心、中美對抗的第一線。

名詞解說

《中美共同防禦條約》(Sino-American Mutual Defense Treaty)

規範中華民國和美國，以軍事互助為基礎，進行經濟、政治、社會、教育等多方面合作的合約。一九八〇年中（台）美斷交後終止，由《台灣關係法》取代。

3 冷戰後美國島鏈駐軍基地全覽

身負封鎖中國出海的任務，島鏈要發揮功能就必須有足夠的軍事力量，因此美軍在島鏈上派駐了大量軍隊，在印太地區駐軍人數超過十二萬人，最強大的駐日美軍則支撐第一島鏈的主要戰力。

從二戰後，美軍就在日本多處駐軍。位於本島的橫須賀軍港及沖繩的嘉手納機場，搭配一萬五千名海軍陸戰隊，是美國在西太平洋最重要的軍事力量。韓戰之後，美軍進駐南韓，原意是要保持對北韓警戒，但時移勢轉，如今卻成了與駐日部隊聯手，掌控東海的犄角之勢。

相較於穩定的日韓駐軍，第一島鏈的其他部分則充滿變數。同在韓戰後部署的駐台灣美軍，在一九五八年八二三砲戰期間，人數曾經逼近兩萬人，但一九七九年中華民國與美國斷交後，駐台美軍全面撤離。

更往南方的菲律賓，在二十世紀初期就一直是美軍的重要基地，二戰之後美軍重返菲律賓，在韓戰和越戰期間，菲律賓更擔負美軍重要的後勤支援要務，然而在一九九一年後，菲律賓企圖和美國保持距離，終止了美國海空軍基地的租約。

有趣的是，菲律賓在中美之間遊走二十年後，二〇一四年再度開放美軍駐守；二〇二三年更進一步新增四個基地，讓美軍三度重返菲律賓。

隨著中國軍事力進化，第一島鏈駐軍直接暴露在彈道飛彈射程內，美國近年來也不斷在調整駐軍，位於第二島鏈的關島、澳洲除了是潛艦主要基地外，更配有長程轟炸機，在必要時能夠支援前線。

美軍駐軍遍及三條島鏈
美國
阿拉斯加
中國
韓國
日本
太平洋
沖繩
台灣
菲律賓
美國
關島
美國
夏威夷群島
馬來西亞
澳洲
(製圖／柯筆辰)

夏威夷則是美國最強大的駐軍基地，從二戰至今都是太平洋上最堅固的堡壘，美國海軍艦隊主力在這裡也能夠快速開赴前線，以絕對武力優勢控制島鏈上各處海峽。另外，美國在**新加坡樟宜海軍基地**也有駐軍。

4 從越戰之痛到重返亞洲

其實，美國多次調整亞太策略，影響島鏈扮演的角色。

一九七〇年代美國陷入越戰泥沼，讓國內反戰意識高漲，隨後中國「改革開放」，加上一九九一年蘇聯解體，宣告冷戰結束，共產主義這個敵人似乎已經不再是威脅，美國轉而推行「全球化」與「多邊主義」戰略，島鏈的軍事地位下降，改以經貿合作爲主，美國與中國之間的經貿往來則與日俱增，期望經濟自由化能帶來中國政治局面的轉變。

不過這樣的共榮景象並不持久，經濟實力茁壯後的中國展開**「和平崛起」**戰略，不僅積極經營對外關係，也開始在東海和南海不斷擴張。同時，北韓核武問題難以解決，促使美國總統歐巴馬（Barack Obama）在二〇〇九年宣布「重返亞洲」，重新開始在島鏈、環太平洋地區與周遭國家等地擴大軍事戰略合作與聯合演習。

繼任的川普（Donald Trump）和現任拜登總統（Joe Biden）也在這個框架下，

名詞解說

新加坡樟宜海軍基地

新加坡雖然不在第一島鏈範圍，但長期與美國軍事合作，樟宜海軍基地是美國航空母艦時常停靠的整備點。美軍近年也在此部署長程無人偵察機，掌控南海和麻六甲海峽情勢。

和平崛起

中國在二〇〇三年提出「和平崛起」外交政策，強調富強的中國對世界有利，後因「崛起」字眼太強烈，二〇〇四年修改為較低調的「和平發展」。習近平上台後，強調「中華民族偉大復興的中國夢」，被解讀為「戰狼外交」。

從經濟上開始對中國施壓，軍事上則不斷強化島鏈的抗衡力量。

5 美軍撤出菲律賓軍事基地事件

美國對亞洲態度的反覆，尤其在菲律賓表現最爲明顯。

菲律賓一度是在美國本土以外的最大軍事基地，在韓戰、越戰時期擔任重要後援。但一九九一年，菲律賓參議院否決了美軍續駐的決定，一九九二年美軍完全撤離曾經駐軍將近一個世紀的菲律賓，當時以「反美」爲號召而當選的艾奎諾夫人，一直努力塑造菲律賓獨立無需依賴美國的形象，而促成此決定。

有趣的是，雙方原先預期可以逐步撤軍，但一九九一年皮納土波火山突然爆發，美軍克拉克空軍基地和蘇比克灣海軍基地都遭受損害，需要數億美元修復，美軍遂決定放棄基地，全面撤離。

這一來卻換菲律賓政府焦慮了，美軍不僅是菲國政府對抗境內共產新人民軍的主力，也是經濟貢獻的要角，突然間全面撤離讓菲律賓難以招架，連艾奎諾夫人都在表決前變卦，希望人民和參議院可以支持美軍續留。

最終，美軍還是全面撤離了，菲律賓則跳起「外交探戈舞」，在美中之間進進退退。一九九〇年代後半，中國在南海逐步擴張，一九九九年中國甚至炸毀菲律賓於黃岩島上的軍事設施，使得菲律賓轉向再度和美國簽訂《來訪部隊協議》；

艾奎諾夫人

艾奎諾夫人（左）以「反美」為號召當選後，也決定不再讓美軍續駐菲律賓。圖為菲律賓披索上的艾奎諾夫人。

二〇一**四年進一步允許美軍在五處軍事基地部署軍隊的防衛協議**。隨後，親中國的杜特蒂上任，不僅積極參與中國「一帶一路」計畫，還威脅要再次撤除美軍駐軍，甚至對中國在南海的激進舉動袖手旁觀。

不過時局再度轉變，二〇二二年菲律賓新任總統小馬可仕延續家族親美傳統，**採取最強硬的對中國態度**，增加美軍可用基地、恢復停辦多年的美菲聯合演習，並公開表示「一旦中國出兵台灣，菲律賓很難不受牽連。」象徵菲律賓正式重回島鏈，一度出現的缺口再度補上。

名詞解說

索羅門群島

從一九八八年到一九九三年，美國曾在索羅門群島設立大使館，後因外交人力縮減而關閉。有鑑於索羅門群島與中國簽署安全協定，美國除了陸續派遣高級別代表團參訪，也在二〇二三年重開大使館，鞏固與索羅門的關係。

6 中國如何突圍島鏈？

隨著蘇聯解體、中國崛起，在踏入二十一世紀後，島鏈的目標就是避免中國輕易取得朝向太平洋出海的要塞，轉型爲海權國家。但中國自然不會坐視自己成爲籠中困獸。

釣魚臺水域紛爭是中國對島鏈的第一個突圍衝擊點。由於美軍在沖繩有強大的駐軍鎮守，中國想要從東海進入太平洋，必得經過美軍眼皮底下，若能控制釣魚臺水域，甚至建立前哨站，則能夠在東海有所著力。二〇一二年，中日雙方在釣魚臺爆發衝突，礙於美國支持日本的立場，中國此後對於釣魚臺爭議淡化處理，同時轉而開發航空母艦，藉此直接掌控東海制空權。

近年中國把眼光轉往第二島鏈，索羅門群島成為美中競相爭取的焦點。

然而在沖繩美軍基地旁邊，中國也不敢輕舉妄動，既然日、韓、台這三國連線難以突圍，中國開始將眼光轉往第二島鏈，企圖從後方反制。二〇一四年，中國國家主席習近平親自出訪南太平洋，隔年便提出《中國國家戰略》白皮書，強調要「加強海外利益攸關區國際安全合作，維護海外利益安全」，**簡單來說，就是要將「一帶一路」的經貿合作擴展到南太平洋島國，伺機突破島鏈封鎖。**

除了在南海不斷擴張前哨基地，建設島礁據點，中國也不斷透過經濟援助，使小型島國更加依賴中國。最佳例子就是**索羅門群島**，在長期經援攻勢下，二〇一九年索羅門與台灣斷交，轉而與中國建交。**眞正讓美國緊張的是二〇二二年，索羅門群島和中國簽訂安全協議，允許中國解放軍船隻訪問、停靠該島，並在此進行補給轉運。**

儘管中國有發展爲全球海權的可能性，但從現況來看，中國突破島鏈的關鍵點，仍然在於掌控巴士海峽與宮古海峽的控制權，一旦中國掌握這兩處海峽的進出權，就可以確保美軍艦隊不能輕易進入台灣海峽，藉此提高進攻台灣的成功率。

而這兩處海峽是由日本、台灣、菲律賓三個國家連線，隨著與日本關係惡化，中國依然努力在台灣和菲律賓上面與美國角力，企圖擴大影響，取得更多支持，創造有利局面以突破島鏈封鎖。

7 美國航行自由行動與加強版

第二次世界大戰後，美國成爲全球最強大的海權國家，爲了確保在世界各地都能保持艦隊威嚇力以及貿易路線通暢，從羅斯福（Franklin D. Roosevelt）總統時就強調海空軍要保護美國的航行自由權利。到了一九七九年卡特（Jimmy Carter）總統正式宣布「航行自由行動」（Freedom of Navigation Operations）計畫，強調基於《聯合國海洋法公約》（UNCLOS）的海洋權利與自由，若有任何國家過度主張其領海或海洋權利，美國將會採取外交警告，再無改善，則實施「航行自由行動」。

航行自由行動幾乎出現在世界各地的沿海國家，包括長期敵視美國的伊朗、俄羅斯以及加勒比海、印度洋周邊國家，同時也包含部分盟國，像是日本、台灣、菲律賓等。簡而言之，只要任何國家過度主張其領海範圍或是海洋權利，阻擋了美國貿易、軍事或外交利益，就會被列入名單內。

美國外交部與國防部每年會列出航行自由行動名單國，指出他們過度主張權利

名詞解說

自由開放的印度太平洋（Free and Open Indo-Pacific）

日本前首相安倍晉三倡議的地緣政治概念，把原有的「亞太地區」概念擴大，向西含括印度等南亞國家，讓島鏈戰略串聯到印度洋。

的事項，並評估對應手段。二〇〇〇年後，島鏈主要封鎖目標的中國，就成了航行自由行動的常客，也是美國採取實際行動最多次的國家。特別是領海劃分複雜的南海區域，每當中國聲稱部分島礁領海範圍，或是填海造陸進行軍事行動時，美國就會派遣軍艦直接開進該處海域，表達此海域可以自由航行，不屬於任何國家領海。

中美對峙的態度日益明顯，二〇一六年日本安倍晉三首相提出「自由開放的印度太平洋」（Free and Open Indo-Pacific）概念後，被美國升級爲「航行自由行動加強版」，參與國家包括美國、日本、印度、新加坡和澳洲，強調以國際法和海洋公約爲依據，在印太地區加強安全合作，推動自由貿易並加強基礎建設投資，進一步提升美國在這些地區的影響力，抗衡中國擴張出海的企圖。

根據美國國防部報告，二〇二二年，中國就有五項過度主張海洋權利的狀況，發生地點是在東海與南海。

8 日本新安保法解禁「集體自衛權」

爲了防止軍國主義死灰復燃，戰後日本憲法規定日本只能擁有自衛隊，保護自身安全，但禁止對外出兵。美國駐軍日本一方面是牽制中國和蘇聯的出海路徑，一方面也是在監督日本軍國主義。

安倍晉三

日本前首相安倍晉三提出「自由開放的印度太平洋」概念，被美國升級為「航行自由行動加強版」。

時事遷移，國際情勢更迭，日本憲法第九條：「不以武力解決國際紛爭」的規定，在日益升溫的地緣政治區域情勢下，顯得不合時宜。

二〇一五年，日本首相安倍晉三主導通過《新安保法》，將自衛權擴大爲「集體自衛權」，只要與日本關係密切的國家遭受武力攻擊，並可能威脅日本國民福祉時，自衛隊將可行使武力。

安倍晉三認爲日本主要面臨兩個威脅，第一是北韓核武；第二就是中國擴張。儘管《新安保法》目標是提升美日同盟，但相較於美國在全球範圍的衝突，日本自衛隊的能力範圍其實僅限東亞島鏈地區。更準確的說，這項法案就是將中國與北韓視爲假想敵。**安倍晉三稱之爲「積極和平主義」，當其他國家確信美日同盟會完全發揮作用時，日本受到攻擊的可能性就會降低。**

二〇一六年自衛隊正式解禁後，日本就開始提升多領域防衛能力，包括太空、電子戰和資訊戰能力，當然也包括傳統海空武力。此外，日本也開始與太平洋盟軍展開共同演習，二〇二二年，日本自衛隊首度前往印尼，參加英美澳韓等十四國共同舉行的**「超級神鷹之盾」**聯合軍演，展現日本參與區域安全的決心。

《新安保法》儘管沒有明說，但卻徹底展現了日本面對「中國武力犯台」的態度。一旦中國占領台灣，日本海域將面臨更多中國漁船、探勘船侵擾，而且解放軍若取得花蓮港作爲潛艦基地，將可以穿越美日防線，直接潛入太平洋而不被察覺，更不用說台灣與日本密切的經貿關係，都將遭到衝擊。

名詞解說

超級神鷹之盾

從二〇〇七年美國開始與印尼舉辦「神鷹之盾」聯合軍事演習，每次為期二周。二〇二二年參加演習的國家高達十四國，被稱為「超級神鷹之盾」演習。

F-16V 戰鬥機

F-16V 戰鬥機為單座單發型，屬美國第三代或第三代半戰鬥機。F-16V 全名是「F-16V block 70」，遭遇中國殲 -10C 戰機時，發動機推力、航程和電子戰能力都不會居於劣勢。

不過，回到隱晦而多變的外交檯面上，這些話都只能隱藏在條文背後，不能明說。

9 海峽中線是一種默契？

海峽中線這個概念究竟怎麼來的呢？

二〇〇四年，台灣國防部長李傑在立法院接受質詢時，首度公布了台灣海峽中線的座標，從北緯二十七度、東經一百二十二度到北緯二十三度、東經一百一十八度，這條「東北—西南」走向的虛擬線，其實是美軍駐台時劃定的防空警戒線，並以首任駐台灣司令戴維斯准將（Benjamin O. Davis）爲名，稱爲「戴維斯線」，一方面警戒解放軍空軍，一方面其實也是限制中華民國空軍不可主動出擊。

一九五八年兩岸在海峽爆發一系列空戰後，雙方形成海峽中線的默契，互不越線，以減少衝突。**不過，海峽中線僅代表兩岸非正式的防空識別區，並不受到國際法承認，越線的後果，並不像南北韓跨越三十八度線那樣嚴重，主要仍是挑釁與警告意味。**

二〇一九年，台灣傳出向美國購買 **F-16V 戰鬥機**，同時美軍

台灣海峽中線圖

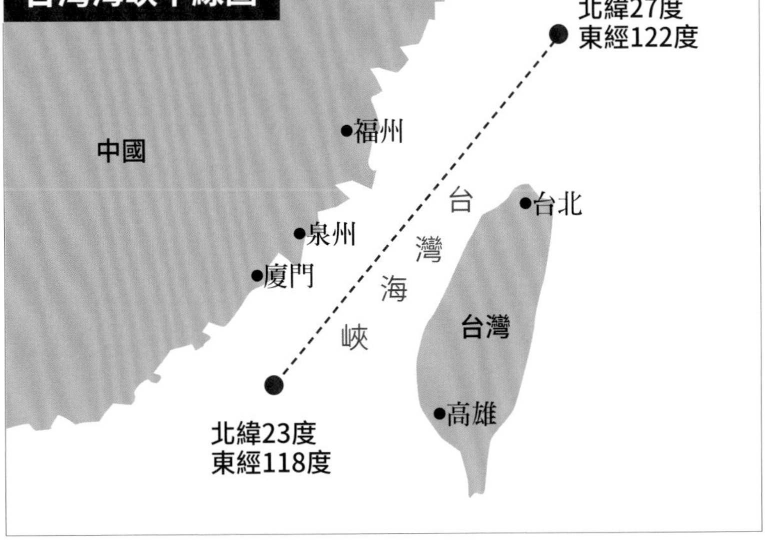
北緯27度
東經122度
福州
中國
台
灣
海
峽
台北
泉州
廈門
台灣
高雄
北緯23度
東經118度

船艦也通過台灣海峽，實行「航行自由行動」，引起中國不滿，下令戰機貼著海峽中線飛行，隨後越線靠近澎湖上空。台灣不僅出動戰機伴飛監控，地面飛彈也進入緊急戰備階段，經過十分鐘對峙，雙方各自返航，才結束危機。

緊繃態勢，直到二〇二二年，時任美國眾議院議長裴洛西訪台，她強調美國與台灣的夥伴關係將會更加堅固，引爆中國敏感神經，開始頻繁軍事行動，建立跨越海峽中線「新常態」。

中國稱的「新常態」，就是無視海峽中線默契，不僅戰鬥機多次越線，海軍船隻也多次跨越中線。新常態不僅在軍事上威嚇台灣，在經濟上也帶來影響。股神巴菲特（Warren Buffett）在二〇二三年的股東會上就表示，台積電雖然是最好的公司，但他寧可投資日本，因為那裡比台灣的局勢安全。

10 南太平洋列島爭奪

二〇二二年九月，美國總統拜登在華盛頓舉辦了「美國太平洋島國峰會」，十四個太平洋島國領袖到場出席，拜登當場表示將投資八．一億美元，協助島國夥伴發展經濟。二〇二三年，拜登更宣布將親自到訪巴布亞紐幾內亞，與島國領袖們會面，成為歷史上第一位到訪此處的現任美國總統。

促使美國積極拉攏太平洋島國的關鍵，就是中國「一帶一路」策略在這個地區

名詞解說

綠色新政

拜登競選政見，目標要在二〇五〇年讓美國達成碳中和，全面減少化石燃料，開發綠色能源，重回《巴黎協定》，再次與全球共同努力將暖化升溫控制在攝氏一．五度。

2023 年美國與密克羅尼西亞簽署「合作備忘錄」，後續外交情勢也將牽動台灣是否能拓展邦交國。

深耕。例如，中國與索羅門群島簽訂的《中索安全協議》，將允許中國軍艦在此停靠、補給，等於替解放軍穿透島鏈，直達太平洋中央。同時，此區域也存在著台灣的邦交國，中國藉由投資、建設、金援等方式，設法奪取台灣邦交國，可進一步外交孤立台灣。

美國自然不會甘於被動，二〇二三年二月，美國與密克羅尼西亞簽署「合作備忘錄」後，這個與中國建交將近四十年的島國，也傳出考慮與台灣建交的訊息。另外，台灣邦交國帛琉和馬紹爾，也和美國討論合作協議，讓美軍進駐。

值得注意的是，太平洋島國有一個共同而明確的立場，他們更傾向接近能夠實踐減碳，對抗全球暖化的國家，因爲太平洋島國是氣候變遷最直接的受害者。因此，不難理解拜登總統的**綠色新政**，爲何能夠突破國內反對聲浪順利上路，因爲綠色新政表面上是爲了減碳，背後卻有著經濟、就業、外交和軍事考量。美中角力的這盤超級棋局，具體而微呈現在這片藍色海洋上。

太平洋島鏈地緣戰略史一覽

（西元年）

時間	事件
1945	**二戰結束，防堵共產主義擴散** 第二次世界大戰結束，美國在全球建立防堵共產主義擴散陣線，並且駐軍日本避免軍國主義復燃。
1949	**國民政府退守台灣** 中國在二戰後發生國共內戰由共產黨勝利，中華人民共和國成立，中華民國政府和部隊全面退守台灣。
1950	**西太平洋防禦圈** 美國正式提出「西太平洋防禦圈」概念，防堵蘇聯獲得通往太平洋的海路，成為「第一島鏈」雛型。
1950	**韓戰** 韓戰爆發，美國首次和中國軍隊開戰，改變對台灣態度，並將台灣納入第一島鏈，開始警戒中國。
1954	**美軍駐台** 美國與台灣簽署《中美共同防禦條約》後，美軍正式進駐台灣。
1955	**越戰** 越戰爆發，美國原以為能輕鬆獲勝，沒想到陷入叢林戰泥沼，引發美國國內反戰情緒。
1958	**八二三砲戰** 中國與台灣在金門爆發八二三砲戰，並在台灣海峽多次空戰，雙方隨後形成海峽中線默契，互不侵擾。
1973	**美國從越南撤軍** 美軍決定撤軍越南，順應國內反戰情勢，於是逐步減少在亞洲的軍事行動，包括島鏈各國駐軍也縮編。

年份	事件	說明
1978	**美國與中共建交**	中國推動改革開放，實質上擁抱市場經濟，並與美國建交，中美關係進入蜜月期。
1979	**美軍撤出台灣**	美國正式與中華民國斷交，並宣佈美軍撤離台灣。
1980	**台灣關係法**	《中美共同防禦條約》終止，改由《台灣關係法》繼承，美中台進入有限混亂的三角關係。
1983	**航行自由行動**	美國公開宣布「航行自由行動」，約束各國海洋權利，必要時以艦隊航行敏感海域，彰顯航行自由權利。
1988	**中越赤瓜礁海戰**	趁著中美關係良好，中國開始在南海擴大建設，與越南發生「赤瓜礁海戰」，中國贏得多座島礁控制權。
1991	**蘇聯解體**	蘇聯解體宣告冷戰結束，美國改採「全球化」主義，進一步縮編海外駐軍，翌年美軍正式完全撤離菲律賓。
1996	**台海飛彈危機**	台灣舉辦首次總統大選，中國發射飛彈抗議，美軍兩艘航艦戰鬥群進入台海威嚇。
1999	**中菲黃岩島衝突**	中國與菲律賓爆發第一次黃岩島衝突，中國漁民被擊落海，成為菲律賓制定《領海基線法》，將南沙群島列為版圖的起因。
2001	**911 恐攻**	911 恐怖攻擊事件發生，美國戰略轉向反恐，中國趁勢崛起。
2009	**美國重返亞洲**	中國開始在東亞各國培植親中力量，逐漸對美國形成威脅，歐巴馬終於宣布「重返亞洲」策略，加強與盟國經貿與軍事合作。

製表／柯筆辰

2012	**日本將釣魚臺國有化** 日本宣布「尖閣群島」（釣魚臺）國有化，引發中國、台灣抗議，三方漁船和公務船發生小規模衝突。
2012	**中菲第二次黃岩島衝突** 中國與菲律賓爆發第二次黃岩島衝突，雙方軍艦對峙，中國最終實質掌控相關海域，卻引起菲律賓和其他東協國家敵視。
2013	**菲律賓攻擊台灣漁船事件** 台灣漁船廣大興 28 號於巴士海峽遭菲律賓海巡署開槍攻擊，引發兩國外交緊張。
2014	**美軍重駐菲律賓** 中國加強在南海建設引發衝突，美國重新駐軍菲律賓，象徵菲律賓在美中之間最終還是重新靠攏美國。
2015	**日本新安保法** 日本通過《新安保法》，允許自衛隊協防周邊盟國。
2017	**中國首艘國產航空母艦下水** 中國第一艘國產航空母艦山東號舉行下水儀式，解放軍開始策劃在台灣東部外海演習計畫，以防止美日援軍進入台灣。
2022	**裴洛西訪台** 美國眾議院議長裴洛西訪台，引起中國不滿並展開「新常態」，打破海峽中線默契，在台海周邊頻繁軍演。
2022	**中索安全協議** 索羅門群島與中國簽訂「安全協議」，允許中國軍隊停靠。
2023	**拜登參訪巴布亞紐幾內亞** 美國總統拜登參訪巴布亞紐幾內亞，與南太平洋島國領袖見面，拉攏反中盟友。菲律賓增加開放四座基地提供美軍駐紮，提升對台海衝突的反應能力。

3 全解島鏈密碼

島鏈隱藏著兩種密碼，世界少見。

第一種密碼是自然地理條件，上帝之手讓陸地和島嶼從古至今既接近又疏遠。

第二種密碼是二次大戰遺留下諸多主權爭議，整個區域就像戰爭延長賽，隨時觸發各方敵意。

詳解這兩種關鍵密碼，就能知道島鏈內在基因，發現戰爭與和平的關鍵。

土地面積 (km2)	政治制度	主要產業	核武	教育水準 PISA 分數	數位競爭力排名
37.7 萬	君主立憲內閣制	服務業、製造業	無	504	29
10 萬	總統民選	電子、通信、汽車、造船	無	514	8
3.61 萬	總統民選	電子、通訊、製造業	無	503	11
30 萬	總統民選	電子組裝、商業外包	無	340	56
33.1 萬	共產黨專制	食品、成衣	無	505	無
190 萬	總統民選	石化、紡織	無	371	51
769 萬	君主立憲議會制	礦產、工業運輸設備	無	503	14
26.8 萬	君主立憲議會制	農產、觀光、金融	無	506	27
459	總統民選	觀光、漁業	無	未上榜	未上榜
2.8 萬	君主立憲議會制	農產、漁業、金礦	無	未上榜	未上榜
540	美國屬地	觀光	有		2(美國排名)
983 萬	聯邦總統民選	金融、製造、專業服務	有	505	2
959 萬	共產黨專制	製造、礦產、食品加工	有	555	17

注：人口、GDP、國防預算、潛艦數量與軍隊數量皆為 2022 ～ 2023 資料，來源參考各國政府網站。教育水準為 PISA 2018 閱讀能力分數。數位競爭力為洛桑管理學院 2022 年報告。（製表：柯筆辰）

關鍵數字 太平洋島鏈全檔案

	人口	GDP (USD)	國防預算 (USD)	潛艦數量	美軍人數
日本	1.2 億	4.2 兆	514 億	22	5.3 萬
南韓	5,196 萬	1.7 兆	442 億	19	2.5 萬
台灣	2,389 萬	7,900 億	190 億	4	0
菲律賓	1.1 億	4,400 億	42 億	0	500
越南	9,946 萬	4,490 億	63 億	6	0
印尼	2.7 億	1.4 兆	88 億	4	0
澳洲	2,649 萬	1.7 兆	290 億	6	1,500~2,000
紐西蘭	516 萬	2,610 億	25 億	0	0
帛琉	1.8 萬	3 億	0	0	美軍雷達站建設中
索羅門群島	70 萬	15 億	0	0	0
關島	17 萬	61 億	30 億	5	6,600
美國	3.3 億	26 兆	8,420 億	71	135 萬
中國	14.1 億	19.3 兆	2,240 億	59	0

天然地理密碼

島鏈與歐亞大陸既接近又疏遠

太平洋島鏈是大陸板塊和海洋板塊長期擠壓所造成，和歐亞大陸距離接近，具有地震多、洋流速度快、夏季颱風強勁等地理特色。

文／巫仰叡（「巫師地理」粉專社群版主）

自然地理：地質、地貌、洋流、水文

Q1 爲何歐亞大陸東部外緣會形成弧形島鏈？

在地圖上觀看太平洋島鏈，可以用「直向」和「橫向」兩個角度來看，島鏈的地緣重要性一目瞭然。

把地圖擺直的看，仔細端詳台灣周邊國家的位置，沿著歐亞大陸的東緣，由北而南，從俄羅斯、日本、台灣到菲律賓，這裡包含了一系列的島嶼——千島群島、日本群島、琉球群島、台灣島、菲律賓群島等，像是串連在一起的花或果實，所以被稱爲「花綵列島」。

把地圖擺橫的看，上方朝向東，下方則是歐亞大陸，島嶼之間形成弧線，這就是所謂的「東亞島弧」。二〇二一年的《日本防衛白皮書》及二〇二三年駐日美軍司令，都是採用這樣的地圖視角來分析島鏈局勢，凸顯了台灣島嶼位在最接近歐亞

名詞解說

板塊擠壓

概念來自於板塊構造論，解釋大陸漂移的重要地質學現象。這個理論提到地球岩石圈由板塊組成，全球共有六大板塊，板塊交接處因擠壓造成地殼變動產生地震，形成造山運動改變地貌，因此出現火山、海溝等地形。

大陸的中心點地緣。

西太平洋上的島嶼，擁有豐富的地熱與溫泉，也是地震好發地帶，這是因爲**板塊擠壓**所造成。特別是日本列島，就位於北美洲板塊、太平洋板塊、菲律賓海板塊及歐亞大陸板塊的交界，由於板塊交錯密度較大，不斷互相推擠和隱沒到不同板塊下方，累積龐大能量，造成錯動，地震和海嘯就容易發生，災難一直伴隨著島鏈上的人民。二○一一年日本東北大地震和海嘯就是典型的能量釋放結果。

其中，菲律賓海板塊擠壓了歐亞大陸板塊，影響地點含括日本、台灣、菲律賓等地。台灣島嶼的形成也是板塊擠壓的結果，從兩千多萬年前的海底火山運動開始，到三百多萬年前陸地逐漸露出海水面，造山運動不斷運作，造就了台灣幾個世界級的島嶼高山山岳。菲律賓海板塊的海岸山脈邊界就在台灣花東縱谷平原。

台灣和周邊的島嶼國家，是地球孕育的新生命，從地質學來看，算是年輕的島嶼。

Q2 島鏈的島嶼在地質上有哪些特色？

第一個特色，是由海底火山岩漿冷卻後逐步形成的島嶼群。因爲板塊隱沒的位置，板塊會彎曲、下沉，形成海溝，最後在邊緣產生一系

太平洋島鏈橫向地圖
太平洋
澳洲
印尼
千島群島
日本
琉球群島
菲律賓
北海道
日本海
東海
台灣
南海
馬來西亞
韓國
越南
中國
俄羅斯
印度洋

列岩漿冷卻的火成岩島嶼群。琉球群島、龜山島、綠島、蘭嶼、菲律賓的巴丹島等，都是這種地理典型。

第二個特色，這地帶擁有著名的猛爆性火山。例如富士山、阿蘇火山、大屯火山、皮納土波火山等，都曾有過劇烈大噴發的地質紀錄，目前也仍是活火山狀態。

第三個特色，第二島鏈上也有板塊擠壓而成的島嶼。菲律賓海板塊東緣和馬里亞納海溝有一串受擠壓產生的島嶼，如日本的小笠原群島、美國的關島以及帛琉，這些島嶼擁有豐富的珊瑚生態和明媚的渡假海灘。

Q3 島鏈與大陸間的洋流和水文特色是什麼？

島鏈位置是世界上重要漁場之一。受到東風影響，來自低緯度、溫暖的北赤道洋流，由南往北，沿著東亞島弧邊緣，流經菲律賓、台灣、琉球、日本，海水全年平均溫度達到攝氏二十六度，加上雜質少，在太陽照射下，相對於其他海面顯得更深，而被稱為「黑潮」。台灣東側海面是深而廣的太平洋，包含琉球海溝，水深達數公里以上，在洋流流動速度最快的位置，可以達到每秒六百多萬立方公尺，是南美洲亞馬遜河流量的三百多倍。

黑潮經過的地帶有許多迴游性魚類出沒，例如竹筴魚，就是日本、韓國、台灣的重要漁獲之一。

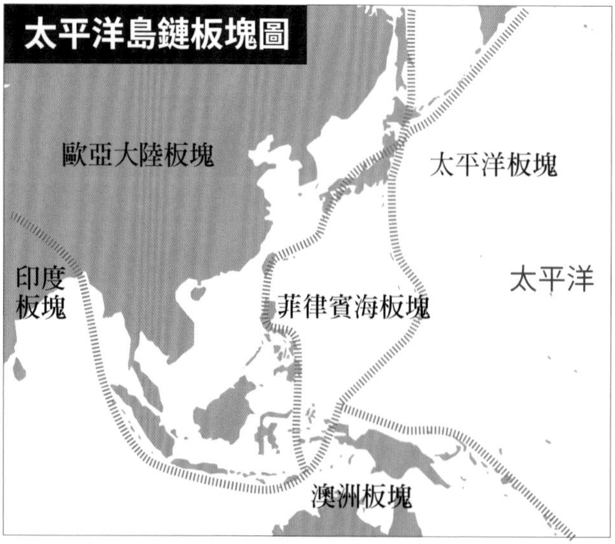

太平洋島鏈板塊圖

另外，黑潮流經至日本群島東南處與親潮的冷水匯流，形成了西北太平洋重要漁場。台灣周邊也蘊含季節性的飛魚、旗魚、鮪魚、烏魚等。

人文地理：社會、文化、經濟、產業

Q4 海域蘊含哪些具有經濟價值的天然資源？

東海是中國和太平洋之間的半封閉海域，海床蘊含豐富的化石資源，由過去生物遺骸分解堆積而成，經評估含有天然氣及石油，是世界上少數尚未大規模探鑽的地帶。

東海也是台灣、中國、日本和南韓的經濟海域二〇〇海浬重疊範圍，各國對東海的經濟開發都有興趣。

Q5 不同島嶼的經濟與產業現貌爲何？

太平洋島鏈是地球上年輕的地質，幾乎很少礦產及石油。但位處重要國際航道，海運基礎不錯，高度仰賴進出口貿易。

日本歷經明治維新、現代化、工業化，扶植製造業及出口導向，是亞洲最具影響力的國家，也是七大工業國家組織成員之一，資訊與電子相關產業發展得早，掌握了技術與資金的優勢。

太平洋島鏈國家因四周環海，加上颱風多、洋流速度快，形成地緣政治的天然屏障。

台灣產業從早年的勞力密集，走向技術密集，建立半導體等高科技產業群，掌握了全球關鍵環節的半導體技術。

印尼和菲律賓的人口都破億，雖屬開發中國家，在人口紅利與東協經濟發展一體化的態勢下，製造業也逐年蓬勃發展。

Q6 什麼樣的地理特色，讓島鏈與大陸既接近又疏遠？

西太平洋是世界上繁忙的海運要道，暖流行經東海、黃海、日本海，使得日本列島、千島群島整個海域保持終年不結冰狀態。但菲律賓海板塊附近的琉球海溝、馬尼拉海溝，分別位於台灣島東側和菲律賓呂宋島附近，屬於海洋盆地構造的深海區，受到北赤道暖流與黑潮的影響，洋流速度快。特別是夏季，熱帶低氣壓及因熱帶低氣壓形成的颱風多，劇烈的風雨使得航行於這附近的船隻容易發生海難。

這些島嶼國家，四周環海，形成天然屏障。過去，日本就因這樣的特殊地緣而未曾被陸權中國實際占領過。

台灣與中國之間的台灣海峽最寬約有三百公里；比較深的澎湖水道，是著名的「黑水溝」，因天象不佳，航行也不容易。菲律賓呂宋島與中國的海南島之間，更有超過五百公里的海面阻隔。

雖然國防科技日益進步，但島鏈的地緣特質，仍讓它們與歐亞大陸保持既接近又疏遠的關係。

島鏈島嶼是由板塊擠壓所造成，擁有豐富的地熱與溫泉。圖為日本箱根大涌谷的硫磺噴口。

右：太平洋島鏈地帶擁有多座猛爆性火山。圖為日本鹿兒島市附近的櫻
　　島火山噴發，這座火山噴發活動一直很活躍。
左上：台灣的龜山島是屬於海底火山岩漿冷卻後逐步形成。
左下：第二島鏈的帛琉群島，也是板塊擠壓所形成的島嶼。

主權爭議密碼

東北亞 日俄交鋒，北方四島

「北方四島」有兩種名稱，日本稱為「北方領土」，俄羅斯命名為「南千島群島」。單從命名的歧異，即可看出領土主權爭議的雙方就是日本和俄羅斯。

文／湯智貿（東吳大學政治學系助理教授）

地緣重要性

扼住俄羅斯出入太平洋關鍵點

日本和俄羅斯在「北方四島」的領土主權爭議範圍，包括日本北海道與俄羅斯堪察加半島間的國後、擇捉、齒舞、色丹四個島嶼。**目前這四個島嶼由俄羅斯實質控制**。

關鍵的海洋地理位置和豐富的天然資源，造就了北方四島的經濟價值與軍事戰略重要性。

對俄羅斯而言，控制千島群島與庫頁島，等於掌握了太平洋通往堪察加半島的海線交通，得以控管外國船隻進入鄂霍次克海。如此，不僅使俄羅斯海軍太平洋艦隊得以自由進出太平洋，也增加俄羅斯東岸國防屏障。**擇捉島的不凍深水港灣**就是讓俄羅斯達成國防目的之要地。此外，北方四島擁有豐富自然資源，包括石油、天然氣、黃金、銀、錸和漁業資源等，經濟價值相當高。

名詞解說

北方四島實質控制國家

俄羅斯

擇捉島不凍深水港灣

擇捉島上遍布火山，具有天然港口優勢，地形詭奇美麗，呈狹長狀，長約二〇三公里，寬約三十公里，是北方四島的最大島嶼。冬季平均氣溫約攝氏零下四度，不像同緯度大陸那麼寒冷。位於中部的「單冠灣」，俄羅斯稱為「虎鯨灣」，是兵家必爭的天然深水港。港灣面向東南方的太平洋，寬度長達十公里，即使冬季也不會結冰，地理位置和軍事戰略價值兼具。

換言之，**若北方四島爲日本實質控制，俄羅斯海軍將無法自由出入太平洋，俄羅斯控管外國船隻進入鄂霍次克海的能力也會隨之下降，等同削弱海疆邊防和軍事威攝能力**。當然，也會失去北方四島的天然資源經濟利益。

因此，俄羅斯持續強化並擴張在北方四島的軍事設施建造、軍事人員和武器的部署。例如，部署常備部隊、反艦飛彈、棱堡岸基反艦系統和防空飛彈系統等。俄羅斯在國後島上駐有常備部隊第十八機槍炮兵師。

日本立場

根據國際法，俄羅斯是非法占據

日俄兩國對於北方四島的領土主權歸屬的協商處理由來已久。隨著蘇聯在二戰期間加入同盟國聯盟，對抗包含日本在內的軸心國聯盟，蘇聯便開始試圖透過德黑蘭會議、雅爾達會議與波茨坦會議，收回過去讓給日本的庫頁島南部和千島群

擇捉島是北方四島最大島，獨特白色懸崖、黑色沙灘和綠色植被交融，形成奇異景色，不只戰略位置重要，也深具觀光價值。

島領土主權。

目前北方四島的爭議，主要是因二戰前後有關處置日本領土歸屬相關會議文件的內容語意不明確、日俄雙方解釋分歧所致，包括《開羅宣言》、《雅爾達協議》、《波茨坦公告》與《舊金山和約》。

日本認為，兩國於一八五五年建立了外交關係後，俄羅斯並未聲索爭議諸島的主權。《開羅宣言》與《波茨坦公告》的內容並不適用於北方四島領土，因為那些島嶼從不屬於俄羅斯；《雅爾達協議》僅是同盟國領導人對戰後解決方案的聲明，並非解決領土主權問題的條約，且日本並未同意該協議。

日本也認為，蘇聯於一九四五年對日宣戰是違反了當時仍有效力的《日蘇中立條約》，因此，蘇聯在宣戰後隨即占領北方四島的行為，也同樣違反了國際法。而且，最後蘇聯並沒有簽署《舊金山和約》。即便日蘇兩國仍於一九五六年簽訂《日蘇共同宣言》，結束兩國間的戰爭狀態，但該宣言並未解決千島群島爭議。所以，北方四島主權為日本所有，現在是被俄羅斯非法占據。

地緣緊張性

俄羅斯自認合法取得，日俄鬥而不破

對於實質控制北方四島的俄羅斯，當然認為這是自己在二戰後合法取得的領土。不過，日俄兩國在領土爭議上的交涉方式，會隨著國際情勢而調整。二戰後，

名詞解說

《舊金山和約》

《對日和平條約》的統稱，是二戰後多數同盟國成員與日本簽訂的和平條約，於一九五一年九月八日簽署，一九五二年四月二十八日生效。

在《舊金山和約》中，日本聲明承認朝鮮獨立，並放棄台灣、澎湖、千島群島、庫頁島南部、南沙群島、西沙群島等島鏈多處主權，琉球群島則交付聯合國託管。

但和約中未明確提及獨島、尖閣群島的主權，以及日本放棄台灣後，台灣的主權歸屬，因此為日後相關主權爭議留下許多伏筆。

日本與蘇聯（即後來俄羅斯聯邦）在北方四島問題上，時而透過擴張實質控制或法律管轄的方式，主張擁有領土主權；時而爲增進兩國政經關係，表現出擱置爭議或釋出談判解決爭議的意圖。

近來，隨著俄羅斯陷入自己發起的烏克蘭戰爭泥沼，日本對北方四島主權問題轉而表現出強硬態度，在戰略上牽制俄羅斯；俄羅斯也透過和中國的聯合軍演及利用北韓導彈試射來威攝日本。

因此，**目前日俄的北方四島領土問題又進入鬥而不破的狀態。**

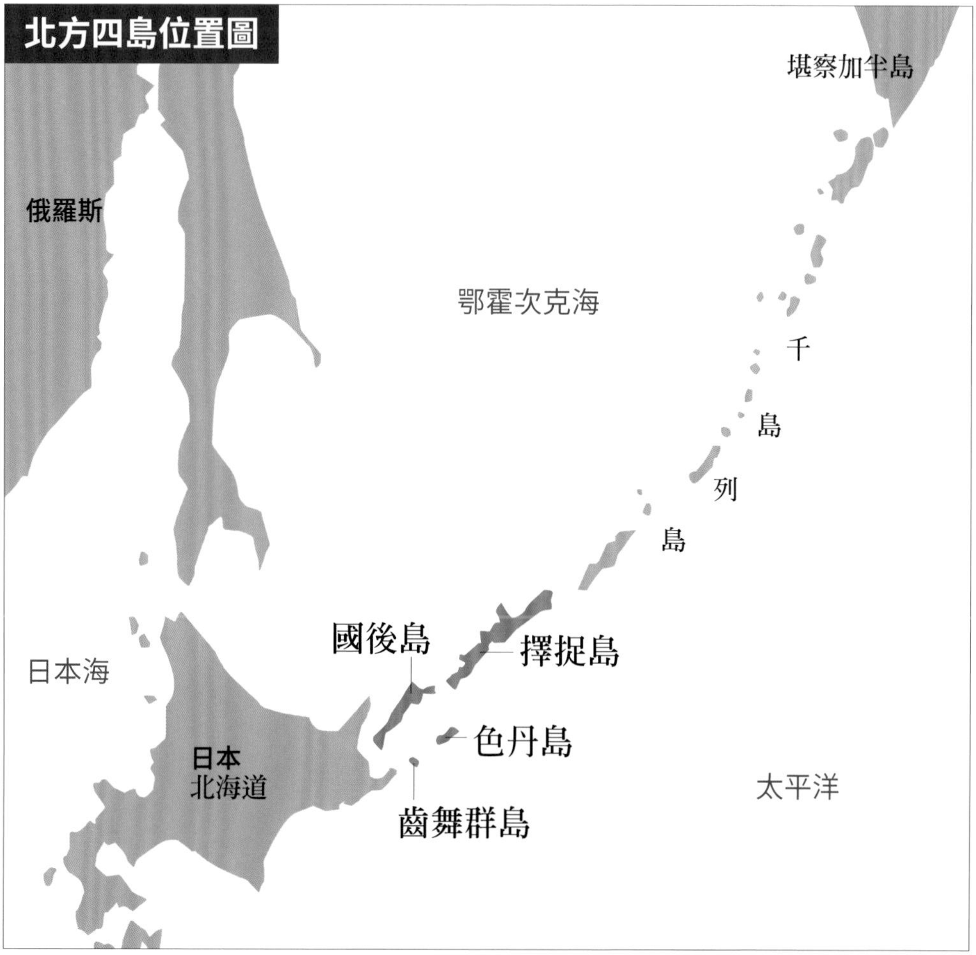
北方四島位置圖
堪察加半島
俄羅斯
鄂霍次克海
千島列島
國後島
擇捉島
日本海
色丹島
日本
北海道
太平洋
齒舞群島

朝鮮半島周邊 日韓未解，竹島或獨島

二戰後的《舊金山和約》未載明獨島主權歸屬，日韓兩國都想拿下這個戰略咽喉點，卻因美日同盟和美韓同盟的大戰略部署，雙方暫時擱置爭議。

文／湯智貿

爭議起點

舊金山和約未明確寫下主權歸屬

獨島位於朝鮮半島東方海域，日本稱這個島嶼爲「竹島」，南韓稱爲「獨島」。**日韓兩國的竹島主權爭議始於二戰結束日本戰敗，美軍接管了竹島，韓國政府也於此時開始聲稱竹島是韓國領土的一部分。**

一九五一年**《舊金山和約》未明確寫下竹島主權歸屬。當時美國認爲竹島屬於日本。**美國的態度引起南韓政府不滿，南韓單方面在一九五二年於東海與日本海域設**「李承晚線」**將竹島畫入線內，視爲南韓領土，並開始進行實質管治。

此後，日韓兩國爭端不斷，日本多次提議將該領土主權爭議提交國際法院仲裁，但南韓都拒絕。

竹島由兩座島嶼及周圍數十座岩礁構成，日本稱兩座島嶼爲「東島」和「西島」，南韓稱爲「于山峰」和「大韓峰」。島嶼本身面積不大，沒有特別的經濟價値，周

名詞解說

獨島實質控制國家

南韓

李承晚線

南韓所畫出的韓、日、中三國水域分界線。一九五二年一月十八日，時任韓國總統李承晚單方面在日本海與東海的公海海域，畫出「和平線」，宣示海洋主權範圍與漁業權，禁止外籍漁船進入。日本稱此線為「李承晚線」。因為獨島被畫在李承晚線靠韓國的一側，日韓曾因漁權爆發日本漁民被捕的衝突，獨島主權也成為日韓兩國的常態紛爭。

圍二〇〇海浬專屬經濟區也尚未發現任何石油等海底資源。不過，這裡擁有豐富的漁業資源，因此目前竹島經濟價值主要是漁業權。

地緣重要性

日本海與東海的咽喉點

相對地，竹島的軍事戰略價值明顯重要，該島位於「日本海」往來「東海」的咽喉位置。

對日本而言，竹島與對馬島、隱岐群島形成倒三角之勢，可以防堵俄羅斯遠東艦隊穿越對馬海峽南下，搭配北方四島，等同圍堵與限縮俄羅斯海軍的投射與威攝能力。

同時，竹島的雷達偵測範圍有利於監控南韓與北韓的海空軍活動和預警北韓導彈。再者，對竹島問題讓步，將會影響日本主張北方四島和釣魚臺島嶼主權的正當性，因此日本必然堅持主權主張。

對於南韓而言，控有獨島不僅增加國防管控能力，也增加在美日韓同盟合作中的地位和對日本關係的談判議價力量。

獨島現在由南韓實質控制，由其海洋警察廳進行監視，有直升機場、碼頭和燈塔等設施，每年南韓海警和海空軍會舉行防禦演習。目前獨島常住著普通居民、派駐海警、漁政管理人員和燈塔看護員，一般民眾亦可搭渡

獨島由兩座島嶼所組成，面積僅 0.186 平方公里，卻是地緣政治上的重要咽喉點。

輪至獨島旅遊。

二〇一二年，南韓總統李明博登上獨島，成爲首位登獨島宣示主權的元首，南韓透過這些官方與民間活動，來彰顯與累積南韓擁有獨島主權的正當性。

地緣緊張性

暫時擱置爭議，未升級軍事衝突

雖然日韓兩國對於竹島主權問題爭執不斷，雙方立場難以妥協。但是在美日同盟和美韓同盟的同盟間共同利益下，這些爭執都在管控範圍內，沒有升級爲軍事衝突。

尤其近來在美中競爭升高、烏俄戰爭影響的背景下，中國、俄羅斯與北韓站在同一陣線的態勢明顯，日韓還是會回歸以美國爲首的同盟合作。

近期，南韓總統尹錫悅專程訪日，提出應該跨越過去不斷糾結干擾日韓兩國關係的歷史問題，兩國應促進雙邊安全與經濟合作。

在美中競爭的背景下，爲避兔竹島問題干擾美日同盟和美韓同盟的同盟關係，進而影響美日韓合作應對中國、俄羅斯和北韓的地緣安全挑戰，日韓間的竹島主權問題將會被擱置。

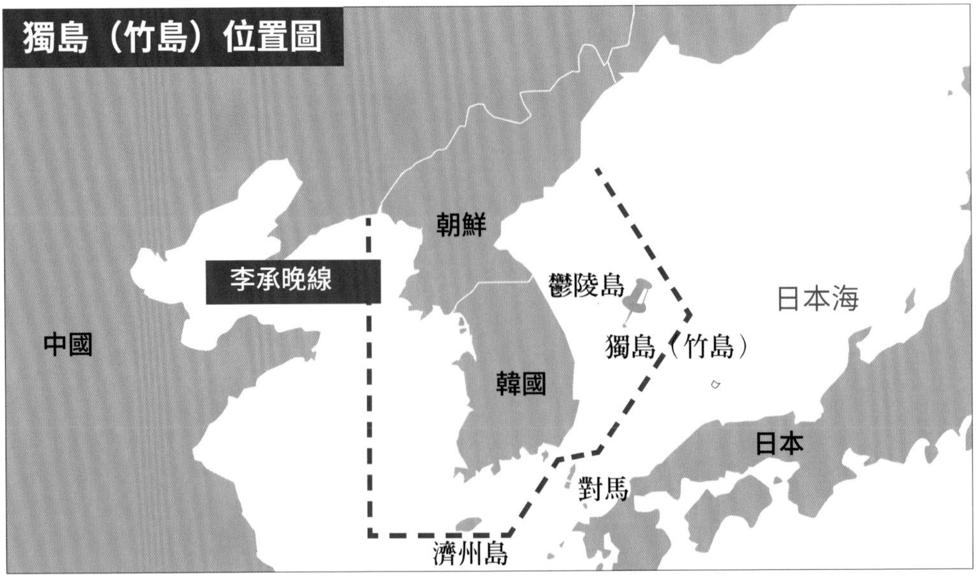

獨島（竹島）位置圖

宮古海峽周邊 中日台火藥庫，釣魚臺

誰都不想放手釣魚臺，美日中三國在宮古海峽周邊的軍事活動增加，未來該海域發生軍事衝突的風險正在提升。

文／湯智貿

爭議起點

歸還沖繩協定，美國將行政權交給日本

釣魚臺主權爭議是指台灣、日本、中國三方對於釣魚臺列嶼歸屬的爭議。日本稱此處爲「尖閣諸島」，台灣及中國稱「釣魚臺島及其附屬島嶼」。

二戰結束後，釣魚臺列嶼與宮古海峽都是屬於託管於美國的琉球群島及大東群島領土和海域範圍內，直至一九七一年美日簽定**《歸還沖繩協定》**，將沖繩行政權交給日本，其中包括釣魚臺列嶼。不過，當時台灣與中國認爲行政管轄權不等於主權，釣魚臺列嶼主權不屬於日本。

目前釣魚臺列嶼由日本進行實質管轄，執行常態巡邏和執法，向群島上的黃尾嶼私有產業業主徵收資產稅，把大正島（亦稱赤尾嶼）、釣魚臺島等**當作國有土地來治理**。

釣魚臺列嶼是由一組位於台灣東北方的島嶼及岩礁所構成，包括釣魚臺、

日本海上自衛隊船艦停靠在沖繩，負責釣魚臺與宮古海峽周邊安全，隨時應對與中國間的爭端。

黃尾嶼、赤尾嶼、南小島、北小島等。周邊海域漁業和海洋資源豐富，附近海域大陸礁層可能蘊藏豐富的油氣儲量，經濟價值高。

在地理上，釣魚臺列嶼距離石垣島以北約一百七十公里、距離與那國島以北約一百五十公里、距離台灣約一百七十公里、距離中國約三百三十公里，扼守連接東南亞和東北亞的海上交通線的咽喉，處於日本海上生命線、中國西進太平洋的路線，以及美國進入東亞、俄羅斯南下的必經通道上。

地緣重要性

東西向出入第一島鏈通道

距離釣魚臺不遠的宮古海峽是介於日本九州和琉球群島之間，連接東海和太平洋的重要海峽、東北亞地區的重要漁場和貨物與能源運輸通道之一、出入第一島鏈的重要通道，具重要經濟能源與軍事安全價值。

因為任何國家只要掌控宮古海峽，就可以對進入太平洋的軍艦、潛艇進行控制和監視，對美國海軍的軍事行動具有制約作用，所以美國海軍經常在該海峽進行巡邏和訓練活動，利用通過該海峽來展示其航行自由的主張，展現在該海域的軍事存在。

對中國而言，宮古海峽是中國海軍穿越第一島鏈進入太平洋的重要航道。隨著中國經濟和軍事實力的增強，中國政府開始對釣魚臺和其周邊海域進行更加積

名詞解說

釣魚臺實質控制國家

日本

《歸還沖繩協定》

二戰後多數同盟國成員與日本簽訂的《舊金山和約》，載明將琉球群島交付聯合國託管，並由美國擔任唯一管理當局。

一九七一年，美日簽定《歸還沖繩協定》，正式將沖繩行政權交給日本。

日本的釣魚臺國有化行動

二〇一二年，日本行政機關從民間所有人栗原家族手中購得釣魚臺、南小島及北小島，收購價為二十億五千萬日圓，被外界認定為日本政府是將釣魚臺等島嶼國有化，引起台灣和中國的抗議。

極的控制，中國軍艦也多次進入宮古海峽，擴大中國在宮古海峽及周邊地區軍事存在感。控制釣魚臺也可以強化對宮古海峽航道的控制，所以釣魚臺的戰略重要性不可言喻。

對台灣而言，主張釣魚臺主權，不僅可維持使用和參與開發周邊海洋資源的正當性，也可提升台灣的東北亞地緣政治的戰略籌碼，在一定程度上制約削弱中國釣魚臺主權主張和軍事擴張的正當性。

地緣緊張性

軍事活動增加，衝突風險提升

近幾年，日本與中國關係持續惡化，釣魚臺主權問題便是其中的焦點。

中國常態化巡邏釣魚臺列嶼，將其納入她設置的東海防空識別區範圍，中國海軍也常態性進出宮古海峽進行突出第一島鏈的演訓。面對這種態勢，美國與日本強化其軍事同盟合作關係，宣示將釣魚臺列嶼納入《美日安保條約》的適用範圍，日本也強化在沖繩縣島嶼上的自衛隊與飛彈部署。

美日中三國在釣魚臺與宮古海峽周邊的軍事活動增加，顯示未來該海域發生軍事衝突的風險正在提升。

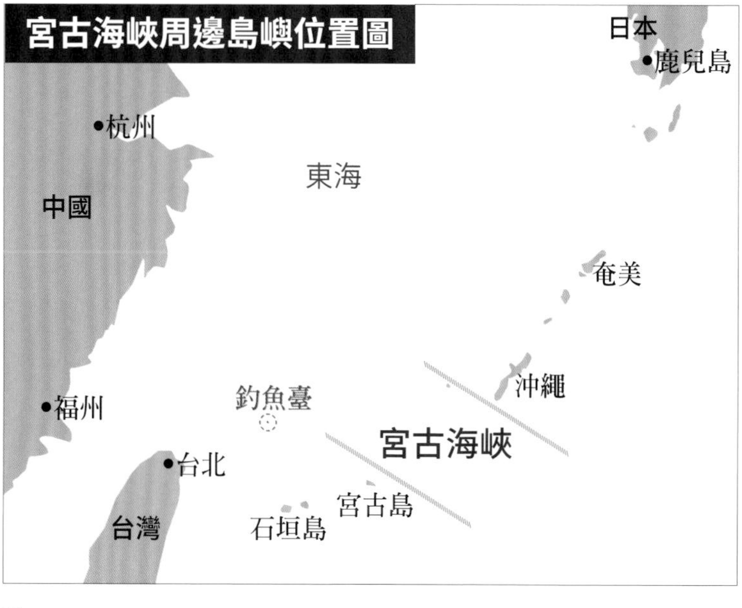
宮古海峽周邊島嶼位置圖
日本
鹿兒島
杭州
東海
中國
奄美
沖繩
釣魚臺
福州
宮古海峽
台北
宮古島
台灣
石垣島

南海諸島與海域線 中越菲台，礁與島難分

「南海爭端」事涉七個周邊國家，加上《聯合國海洋法公約》對於島、礁、人造島有特別的認定，各國所宣稱的主權都受到影響，南海成為目前太平洋島鏈上主權認定最為複雜的地帶。

文／湯智貿

地緣重要性

天然資源豐富，貿易戰略航道

南海爭端，是指南海周邊國家對於該海域的「部分島嶼主權歸屬」、「海域劃分」和「相關海洋權利」的聲索產生重疊而發生的衝突，包括台灣、中國、越南、菲律賓、馬來西亞、汶萊、印尼等，共七個國家在這裡交疊著主權爭議。

另外，「南海島礁」也是主權爭議的重點。海域糾紛主要分布在南沙群島、西沙群島、中沙群島一帶，台灣、中國、越南、菲律賓是主要**聲索國**。

南海的漁業資源、原油和天然氣蘊藏皆十分豐富。根據美國能源資訊管理局二〇一三年估算，南海的天然氣蘊藏量大約高達一百九十兆立方英尺；而確定和推定的石油藏量也高達一百一十億桶。美國地質調查局的二〇一二年研究報告指出，南海海域尚未發現的天然氣蘊藏量，可能高達一百六十兆立方英尺；石油儲量，可能達一百二十億桶。

名詞解說

南海諸島、人造島與礁石實質控制國家

台灣：東沙群島、太平島
越南：南威島等島嶼
菲律賓：中業島等島嶼
中國：永興島、美濟礁、渚碧礁、永暑礁

聲索國

指聲明索取某地區領土主權的國家。為了宣示本國對某地區的主權，就必須發出聲音，索取該領土的主權。

另外，根據菲律賓調查，南海提供大約占全世界百分之十到百分之十二的海洋漁業資源。

同時，南海作爲主要的航運通道，戰略地位重要，約全球三分之一的海上貿易會通過南海，是國際海運航線的重要樞紐。台灣、日本、韓國與中國的石化能源進口超過八成必須通過南海。

因此，南海周邊國家都希望控制自己所主張擁有主權的部分島嶼及其專屬經濟區，保護自己的經濟利益和區域地緣政治利益。

各國海域線主張

「專屬經濟海域」和「歷史性權利」

上述多數油氣礦區位於南海邊緣，不是深埋在具有爭議的島礁下，但島礁主權歸屬和法律地位認定涉及相關海域劃分和相關海洋權利，包含這些油氣的開發。

《聯合國海洋法公約》規定，島嶼是四面環水並在高潮時高於水平面「自然形成」的陸地區域，可以劃設領海、毗連區、專屬經濟區和大陸架。**但不能維持人類居住或其本身經濟生活的岩礁，不應有專屬經濟區（海域）或大陸架**。

公約也規定，專屬經濟區和大陸架內的人工島嶼、設施和結構不具有

南海諸島，包括西沙群島、東沙群島、中沙群島、南沙群島等，由珊瑚礁、礁石、沙灘、淺灘組成數百個島嶼。

島嶼地位，所以它們沒有自己的領海，其存在也不影響領海、專屬經濟區或大陸架界限的劃定。

「專屬經濟海域」主張國家對於專屬經濟海域內的自然資源，不論生物或非生物資源的使用，有主權權利，但其他國家仍享有航行和飛行的自由。

爭端中，因最大的國家是中國，對於南海領土主權範圍，是以「歷史性權利」爲基礎，主張使用和台灣「十一段線」基本上重疊的「九段線」，來劃出其主張的南海領土主權範圍。但這範圍涵蓋周邊爭端國家大部分的南海領土主權，以及海洋權利主張，所以引起其他聲索國的抗議與反制。

各國擁島爲重

中國九段線不具國際公約法律基礎

目前，各國在南海各自擁有實質控制的島嶼。

台灣實質控制東沙群島與太平島，海巡官兵常駐於這個區域的兩個島嶼。

越南在其控制的島嶼，如南威島上面，填海、修建生活設施、直升機停機坪、飛機跑道和停泊港等。

菲律賓在其控制的中業島上，修繕飛機跑道和擴建相關運補停泊，與島上生活設施。

中國也在其控制的南海島礁進行大規模的填海造島工程，並進行軍事化。目

名詞解說

《聯合國海洋法公約》

這個公約對於領海基線、內水、領海、毗連區、專屬經濟區、大陸棚、群島國水域、公海、內陸國權益等，均有條文規定。

但因「群島國」的領海畫法較為複雜，公約第四章對群島國有單獨規定。日本、菲律賓、印尼等國家，依規定皆屬於群島國。

專屬經濟海域

領海十二海浬外，二〇〇海浬內的海域範圍。

南海周邊多數國家主張國家依專屬經濟海域規定，對海域內的自然資源享有優先權，但不行使領海主權的排他性，其他國家仍享有航行和飛行的自由。

前爲止，中國已完成永興島、美濟礁、渚碧礁、永暑礁的軍事化，包括飛機跑道、機棚、船艦停泊港、部署反艦和防空飛彈、戰機、鐳射與電波干擾設備等武裝系統，已威脅到在周邊地區海空域活動的所有國家。

二〇一三年，菲律賓以中國違背《聯合國海洋法公約》爲由，在荷蘭海牙的國際常設仲裁法庭提告中國，挑戰中國的南海主權聲索，即「南海仲裁案」。

二〇一六年，國際常設仲裁法院公布仲裁結果，裁定包括：

一、中國在南海海域不享有「歷史性權利」，其主張的「九段線」沒有法律基礎，且違反一九八二年《聯合國海洋法公約》的規定。

二、所有南沙群島島嶼（包括太平島），都沒有適於人居的天然條件，在法律上的地位都是礁石，而非島嶼，所以**僅能主張十二海浬領海**，而不得主張二〇〇海浬專屬經濟區。

三、菲律賓漁民有在黃岩島捕魚的傳統權利，中國在南海的行爲，包括干擾菲律賓在相關海域的漁業，以及石油開採活動、修建人工島、中國漁民在相關海域捕魚等，都侵犯了菲律賓在其專屬經濟區內的主權權利。

最後，仲裁庭要求中國與菲律賓在仲裁公布後，均需遵守《海洋法公約》附件七第十一條的規定。中國當時拒絕承認該仲裁法庭的管轄權，也拒出庭應訊，當然拒絕接受結果。該仲裁結果，也等於否定台灣的南海領土主權主張。

菲律賓曾以中國違背《聯合國海洋法公約》為由，狀告國際常設仲裁法庭，但中國對仲裁結果不理會。

地緣緊張性

軍事衝突風險上升，但相對克制

不過，中國對於該海域的海空活動監控、驅離和反制能力，也隨著人造島礁擴大與軍事化的逐漸完備而提升，顯著威脅到所有周邊和非周邊國家在南海海域的軍民海空活動。

面對中國的威脅，南海周邊各國，也跟進透過強化其控制島礁的管控防護來增加主權聲索的能力。

非周邊但利用該海域的國家，例如美國、日本、英國、澳洲等，則透過增加軍事安全的支持來維護該海域的海空活動自由，維繫區域穩定和它們的地緣政治影響力與經濟利益。

美國重返亞洲，持續在該海域展示其強大的軍事能力，是平衡反制中國擴張威脅的主導力量。

因此，在中國軍事擴張未歇、美國爲首的平衡反制力量也就不會減少的狀況下，**目前整體南海情勢是處於發生軍事衝突風險上升，但仍相對克制平衡的狀態**。

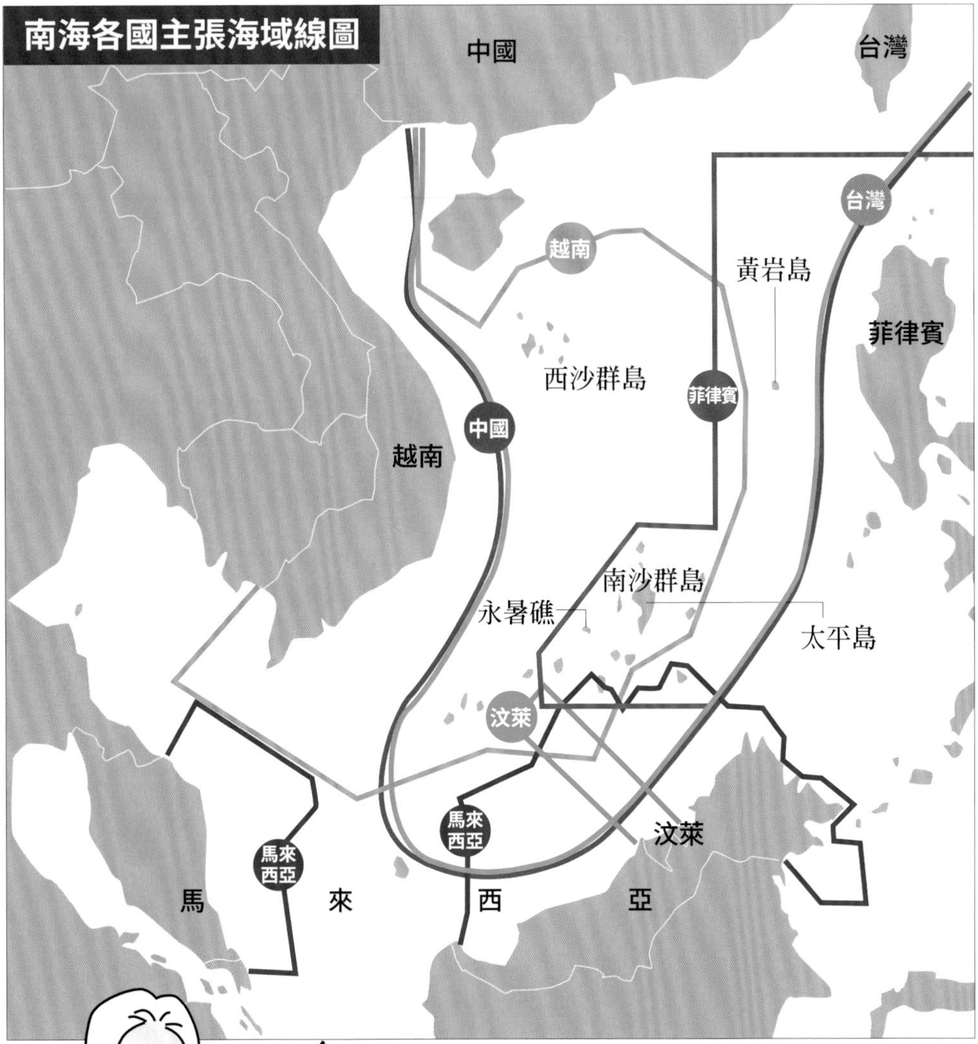
南海各國主張海域線圖
中國
台灣
台灣
越南
黃岩島
菲律賓
西沙群島
菲律賓
中國
越南
南沙群島
永暑礁
太平島
汶萊
馬來西亞
汶萊
馬來西亞
馬　來　西　亞

註：中國主張的南海海域線「九段線」，基本上與台灣的「十一段線」重疊。

在南海，各國主張的海域線都不一樣。

島鏈數字密碼

505分

越南學生的 PISA 閱讀能力測試得到 505 分，比多數已開發國家高

8

洛桑管理學院評比，南韓數位競爭力全球排名第 8

5.3萬人

美軍駐日本人數，美國海外最大部隊

2+2

台灣有 2 艘待退潛艦和 2 艘現役潛艦

190萬平方公里

印尼是第一島鏈國土面積最大國家

2,240億美元

中國年度國防預算，全球第二高

0

帛琉無國防預算

290億美元

澳洲國防預算排名全球第 13 名

8

紐西蘭人均 GDP 排名全球第 8

1%

菲律賓國防預算占 GDP 僅 1%

2019年

索羅門群島與台灣斷交，轉與中國建交

50%

美國在關島軍費是當地 GDP 的 50%

8,420億美元

美國 2023 年國防預算占全世界軍費三分之一

4 換位思考，各國眼中的島鏈

各國的地理位置不一樣，看到的島鏈價值也不同。

換位思考，從各國的視角看島鏈，可以全方位理解各國盤算，找出地圖上真正的叢林法則，了然衝突與結盟的背後考量。

美國眼中的島鏈

美國是海權國家，必須將觸角伸得很廣，在中國東側的太平洋島鏈上建構層層包圍網，鎖緊戰略的最前緣，並拉長補給線，才能確保美國本土安全。

文／歐錫富（國防安全研究院中共政軍與作戰概念研究所研究員兼所長）

美國眼光一
距離的暴君，須克服太平洋限制

美國是一個海權國家，從地緣性來看，美國領土周圍並沒有能造成近身威脅的強敵。因此，在地緣政治學上，甚至會把美國視爲有大西洋與太平洋保護的「島嶼」。

不過，面對全球廣闊的海洋，美國必須將觸角伸得很廣，擔任「距離的暴君」，才能建立全球性基地網，維持世界秩序，保護本土安全。美國在太平洋島鏈上的布局，也是依據這樣的概念。

由於距離與時間有其極限，太平洋中島嶼上的軍事基地極具重要性。

太平洋的特徵是「海洋面積大，大型島嶼少」。根據美國國家海洋與氣象局資料顯示，太平洋面積共一．六五億平方公里，占地表面積高達百分之三十二，比各大洲陸地面積總和還大，蘊藏的海水是大西洋的兩倍。但島嶼數量，從日本

名詞解說

內線作戰

內線作戰，是指在我方區域內的作戰，當軍隊處在被包圍或自我防禦時採取行動。

外線作戰，則是進入敵方區域作戰。

群島、台灣、菲律賓、海南島、巴布亞紐幾內亞、夏威夷到紐西蘭，面積超過一萬平方公里的島嶼卻只有二十個。而且，南太平洋島所有島嶼面積總和也只有約五十五萬平方公里。

美國眼光二
對中包圍網，構築多個戰略三角形

二戰之後，進入冷戰時期，美國作爲島鏈布局者，假想競爭對象主要是陸權中國，防堵俄羅斯的包圍網則是放在歐洲，以北約爲核心。

時至今日，美國和中國在太平洋島鏈的地緣戰略競爭，各具優劣勢。中國是大陸國家，擁有**內線作戰**、戰略縱深與彈藥縱深等優勢；缺點是周邊被陸地包圍，出海口有限。

美國優勢是海洋國家，面臨太平洋與大西洋；缺點是外線作戰，必須前進部署，確保遠方友盟安全並嚇阻敵人。因此，美國對中國建構的三條防線包括：

一、**南韓、日本到印度洋迪戈加西亞島前進防線**。
二、**關島到澳洲防線**。
三、**夏威夷、中途島、阿留申群島到阿拉斯加防線**。

這三條防線是以關島爲中心，能構成「關島—日本—韓國」、「關島—

夏威夷軍港雖然位於太平洋，但距離東亞仍然太遠，只能當作最外緣的第三島鏈。

達爾文—珍珠港」、「關島—台灣—日本」，甚至「關島—夏威夷—阿拉斯加」等多個戰略三角形。

迪戈加西亞島在印度洋的重要性，則類似關島在太平洋樞紐地位，例如形成「迪戈加西亞島—塞席爾—模里西斯」三角。

美國眼光三

翻轉時間與距離，從源頭先發制人

廣大海洋構成距離與時間的極限，距離愈遠，飛機或艦船開航時間就愈長。根據馬漢（Alfred Thayer Mahan）《海權論》觀點指出，國家繁榮與國力有賴於海上交通線的控制，「誰控制海洋，誰就控制世界」，控制海洋除了裝備一支強大海軍外，同時也必須擁有海外基地與加煤站。美軍在全球八十個國家擁有八百個海外基地，其中九個屬於海軍基地。中國雖然擁有龐大海軍艦隊，海外基地相對的少很多。

美國智庫戰略與預算評估中心以島鏈爲基礎，提出「群島防衛」。群島防衛南北兩端是第一島鏈的日本和菲律賓，這兩個國家與美國簽署共同防禦條約。中間是台灣，兩個側翼南韓與越南、印尼與新加坡則居重要戰略位置。

群島防衛可能會先承受中國的第一擊，戰略功能主要是飛彈防禦、情報、監視、偵察，還可以有控制咽喉點、源頭打擊、封鎖或反封鎖等作爲。例如，在島

名詞解說

反介入與區域拒止（Anti-Access/Area Denial, A2/AD）

「反介入」，是指防止敵軍「進入」一個區域行動，範圍通常較大、較長程。

「區域拒止」，是指阻止敵軍在一個區域自由活動的能力，範圍通常較小、較短程。

防守線鋒（Defensive linemen）

防守邊鋒和防守絆鋒通常合稱為「防守線鋒」。

鏈上的狹窄海峽部署智慧水雷、無人系統、反艦飛彈等武器，好處不少。

美國智庫戰略與預算評估中心也提出「收緊島鏈：在西太平洋實施海上壓力戰略」，建議美國與友盟善用第一島鏈地緣優勢，部署足以嚇阻中國的海上壓力，這樣不僅可以克服美國在支援西太平洋的「距離和時間」地緣劣勢，更可降低中國藉著發動戰爭造成占領土地「既成事實」的風險。

美國與友盟須沿著第一島鏈，在中國**「反介入與區域拒止」**（Anti-Access/Area Denial, A2/AD）威脅海域內，建立精確打擊網，對解放軍發動攻擊，然後再由遠方外部力量的海空軍支援。一旦內部力量**防守線鋒**（Defensive linemen）撐住拉長時間，美國就可持續從遠方調來海空外部線防衛支援。

美國眼光四

美國不會鬆動對島鏈盟友的承諾

許多人會提出一個疑問：「地緣緊張性會鬆動美國對島鏈同盟國的承諾嗎？」答案當然是否定的，而且美國的島鏈包圍網還只會愈來愈緊密。就如前述，美國面對全球廣大的海洋，必須將觸角伸得很廣，克服「距離和時間」的地緣劣勢，因此島鏈基地網是美國本土最基礎的安全保障。

從美國在二〇二三年的一連串動作就可以看出端倪。在北邊，美國與日本、韓國的聯合軍事演習愈來愈密切，核動力航空母艦「尼米茲號」（USS Nimitz

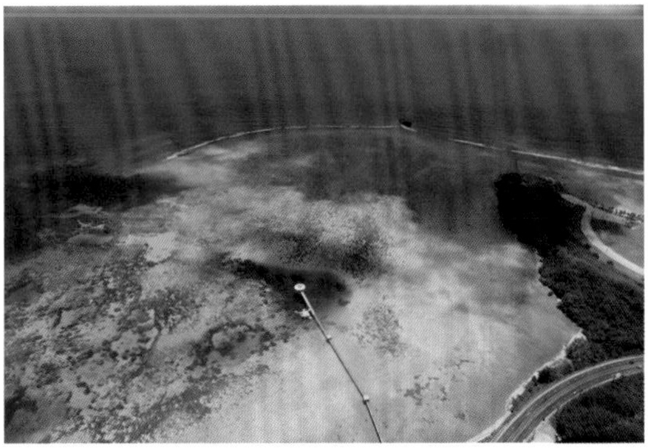

關島是美國構築三條島鏈的最核心點。

CVN-68）參與演習，形成同盟性的嚇阻力。

在南邊，美國與菲律賓舉辦「肩並肩」聯合軍演，也積極和中南半島上的越南宣示雙方關係「提升到新的高度」，而越南也正是與中國在南海主權上有爭議的國家之一。再往南，美國基於「澳英美三方安全夥伴關係」（AUKUS），協助澳洲取得核動力潛艦，更是對抗中國的關鍵武器網。

美國在關島上，也研擬強化關島基地的飛彈防禦能力，建構有「薩德飛彈」之稱的「終端戰區高空防禦系統」網路，提升即時預警能力，確保關島基地維持充足的運作能量，加強區域威脅嚇阻能量。

美國不會鬆動對島鏈盟友的承諾，因爲島鏈安全網正是美國最重要的地緣政治安全保障。

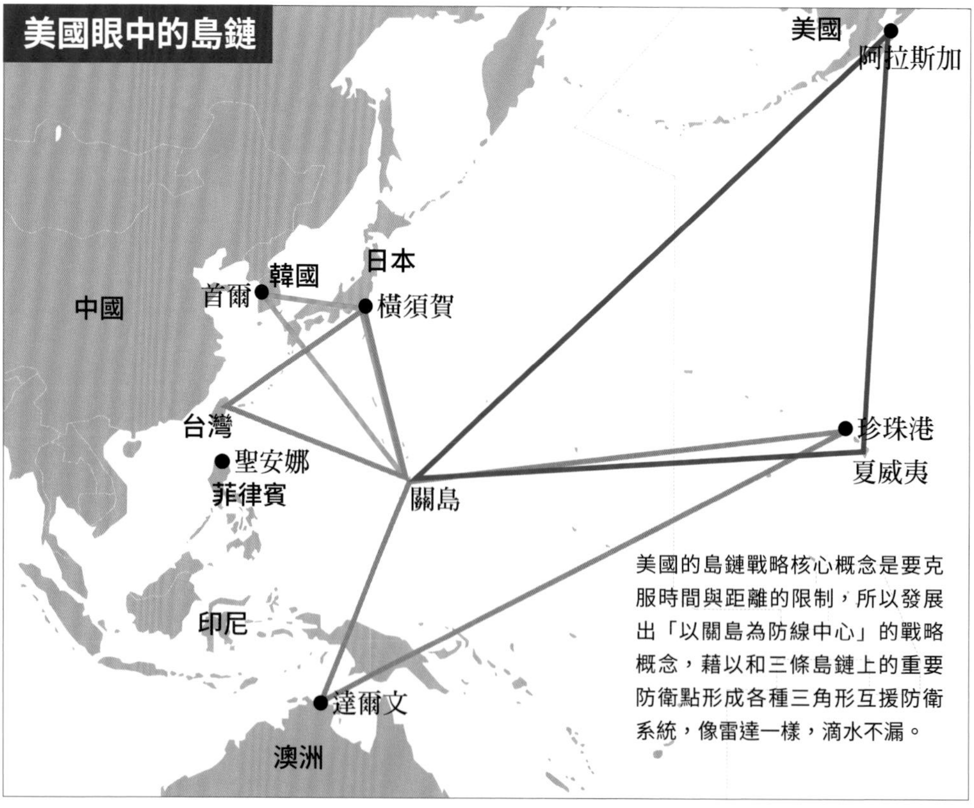
美國眼中的島鏈
美國
阿拉斯加
日本
韓國
首爾
橫須賀
中國
台灣
聖安娜
菲律賓
關島
珍珠港
夏威夷
印尼
達爾文
澳洲

美國的島鏈戰略核心概念是要克服時間與距離的限制，所以發展出「以關島為防線中心」的戰略概念，藉以和三條島鏈上的重要防衛點形成各種三角形互援防衛系統，像雷達一樣，滴水不漏。

中國眼中的島鏈

中國眼中的「珍珠鏈戰略」和「海上絲綢之路」都是挪用美國島鏈概念發展出來，與二戰前日本的南向政策類似。

文／歐錫富

中國眼光一
太平洋夠大，容得下中美兩國

中國黃海、東海、南海等近海被第一島鏈包圍，中間只有數個海峽與太平洋通連，容易遭外力封鎖。中國全力發展海軍，積極向東、向南擴張，企圖控制第一、第二島鏈，甚至更遠的海域。

島鏈的形成始於一九五〇年代，美國戰略規劃者劃定**第一島鏈**從日本、沖繩、台灣、菲律賓到東南亞國家。**第二島鏈**從日本、馬里亞納群島、密克羅尼西亞群島到印尼。**日本與新加坡位於兩條島鏈的南北兩端，而且都是美國的盟友。**

美國「印太戰略」為拉攏印度，積極與新德里發展友好關係。

第三島鏈從阿拉斯加海岸經夏威夷到紐西蘭，重點是夏威夷，這是美中共治太平洋的分界線。中國國家主席習近平曾說，「太平洋夠大，足以容下中美兩國」。隨著中國海軍勢力進入印太地區，中國可能規劃更多條島鏈。

第四、第五島鏈位於印度洋，**第四島鏈**從巴基巴坦南部瓜達爾港，南下經過斯里蘭卡漢班托塔港到美軍基地迪戈加西亞，主要挑戰迪戈加西亞與印度。

第五島鏈從中國吉布地提基地多哈雷碼頭、非洲之角索馬利亞半島，向南延伸到非洲東海岸。

目前中國海軍活動仍以第一、第二島鏈爲主，至於以哪一條島鏈爲界，端看美中海上勢力消長而定。

中國眼光二

海上絲綢之路衍生自島鏈概念

爲了對抗美國可能干預，中國發展「反介入與區域拒止」力量，而這與島鏈概念有相關。

中國的反介入與區域拒止概念承襲前蘇聯，前蘇聯同樣面臨攜帶核子武器的美國航空母艦威脅。中俄都有距離相關門檻（distance-related thresholds）想法，蘇聯將離岸兩百浬劃爲控制（control）海域，控制海域以外到一千二百浬劃爲拒止或對抗（deny or contest）海域。中國將這些海域劃爲第一島鏈與第二島鏈。離岸兩百浬涵蓋黃海、大部分東海、台灣海峽、東京灣與南海北部。第二島鏈離岸約爲一千三百浬，是美國戰斧巡弋飛彈的最大射程。

中國的「珍珠鏈戰略」與「海上絲綢之路」，也都是從島鏈概念衍生發展而來，

名詞解説

麻六甲困境

麻六甲海峽是東南亞最重要的咽喉點，也是連接太平洋與印度洋最重要的國際水道。

海峽全長約一〇八〇公里，東南部最窄的地方只有二．八公里，目前由新、馬、印尼三國共管。

由於海峽海底平坦，多為泥沙質，水道又十分狹窄，容易封鎖。

目前美國在新加坡建有軍事基地，印度在西北方亦有重兵部署，中國海軍鞭長莫及，美印兩國掐住麻六甲咽喉，等於是掐住中國的戰略石油通道，因此中國的不安全感很強，被稱為是中國的「麻六甲困境」。

並與二次大戰日本南向政策類似。主要是由於中國改革開放後，需要從國際市場取得能源、原料與糧食，確保印度洋、南海到中國本土的海上交通線安全成爲當務之急。

中國擔心「**麻六甲困境**」，即在危機或衝突時，海上交通線被美軍攔截或切斷，因而需要在海上交通線上沿途設置基地或補給點。爲了沖淡外界對中國威脅的疑慮，中國隻句不提「珍珠鏈戰略」，強調「海上絲綢之路」是爲了經濟發展，促進區域共同繁榮與福祉。

中國眼光三
島鏈有障礙、跳板、基準，三個重要性

中國學者認爲島鏈在作戰與戰略重要性包括：一、**障礙**（barriers）。二、**跳板**（springboards）。三、**基準**（benchmarks）。

第一，障礙。障礙是外國在島鏈設置軍事基地圍堵中國軍力投射。中國處於半封閉海域，出入深受第一、第二島鏈阻礙，必須突破才能取得海上行動自由。中國相信，如果能夠解決台灣問題，島鏈障礙即能迎刃而解，甚至能進而威脅關島。

第二，跳板。任何國家控制島鏈即可作爲軍力投射的跳板。二次大戰美國對日本的「跳島作戰」（island-hopping），以及冷戰時代對中國

麻六甲海峽為中國石油運補重要航線，從飛機上俯瞰麻六甲海峽，海面上布滿許多輪船。

的封鎖，是最顯著的實例。麥克阿瑟將軍視台灣爲不沉的航空母艦，金恩上將（Ernest Joseph King）也把台灣當作塞住南海瓶子的瓶塞，美軍掌控台灣就可切斷日本南海海上交通線，封鎖能源與原料運輸。

第三，基準。此一概念將島鏈視爲中國由陸向海發展，不同擴張階段的里程碑。中國宣傳海空軍機艦穿越第一島鏈，遠至西太平洋進行遠航長訓；中國媒體報導**東風-26型彈道飛彈**（DF-26）射程涵蓋第一島鏈，號稱「關島快遞」或「關島殺手」的東風-26可直接攻擊關島，都是中國認爲突破島鏈的里程碑。

中國在南海填海造島，無形中可能受到「島鏈障礙」與「跳板概念」的影響，人工島可作爲中國的跳板，同時也是他國的障礙。

二戰後期，以美軍爲首的同盟國策略性採用跳過某些日軍在亞太地區占領的島嶼，加速進逼日本本土，藉以提早結束戰爭。麥克阿瑟將軍選擇跳過日軍防衛較爲堅固的台灣，優先攻占菲律賓群島和沖繩，截斷日軍補給線，就是知名的例子。但是跳島作戰有個前提，就是在海空支配權上，必須比敵軍具備較高的優勢，較能奏效。

中國眼光四

南韓屬於第一島鏈、拿到台灣一勞永逸

比較美國國防部與中國海軍手冊地圖，五角大廈地圖未將南韓納入島鏈，中

名詞解說

東風-26型彈道飛彈（DF-26）

中國開發的遠程彈道飛彈，可以打擊陸上與海上大中型目標，也是中國第一款射程可遠達關島美軍基地的彈道飛彈，故被外界稱為「關島快遞」。

中國的島鏈概念包含南韓，彈道飛彈射程已可包含台灣、關島，甚至澳洲。為了突破第一島鏈限制，中國乾脆直接跳過第一島鏈，以經濟為誘因，在南太平洋島國取得軍艦停靠港，並且積極在南海建築人造島，擴張海上領土。

國海軍手冊地圖則將南韓含括進去。

中國將島鏈日本部分從鄂霍次克海延伸到俄羅斯堪察加半島，美國則沒有此段。

中國把焦點擺在台灣，認爲台灣位居第一島鏈關鍵位置。若能取得台灣東部港口，中國就能一勞永逸突破第一島鏈進入太平洋。

島鏈的戰略價值與重要性可能受到軍事科技發展的影響而降低。中國利用長程反艦飛彈、攻陸巡弋飛彈與彈道飛彈，可能削弱某些島嶼的戰略價值。

一九八〇年代，台灣是外國勢力進攻中國的跳板。目前，中國長程武器可攻擊台灣機場、港口、指管中心等重要目標，使得台灣因地理位置太靠近中國而無法發揮最大地緣戰略價值。

但在浩瀚的太平洋中，島嶼仍然存在重要地緣戰略價值。隨著美國將中國視爲戰略競爭國，台灣再度凸顯其在島鏈的重要性。

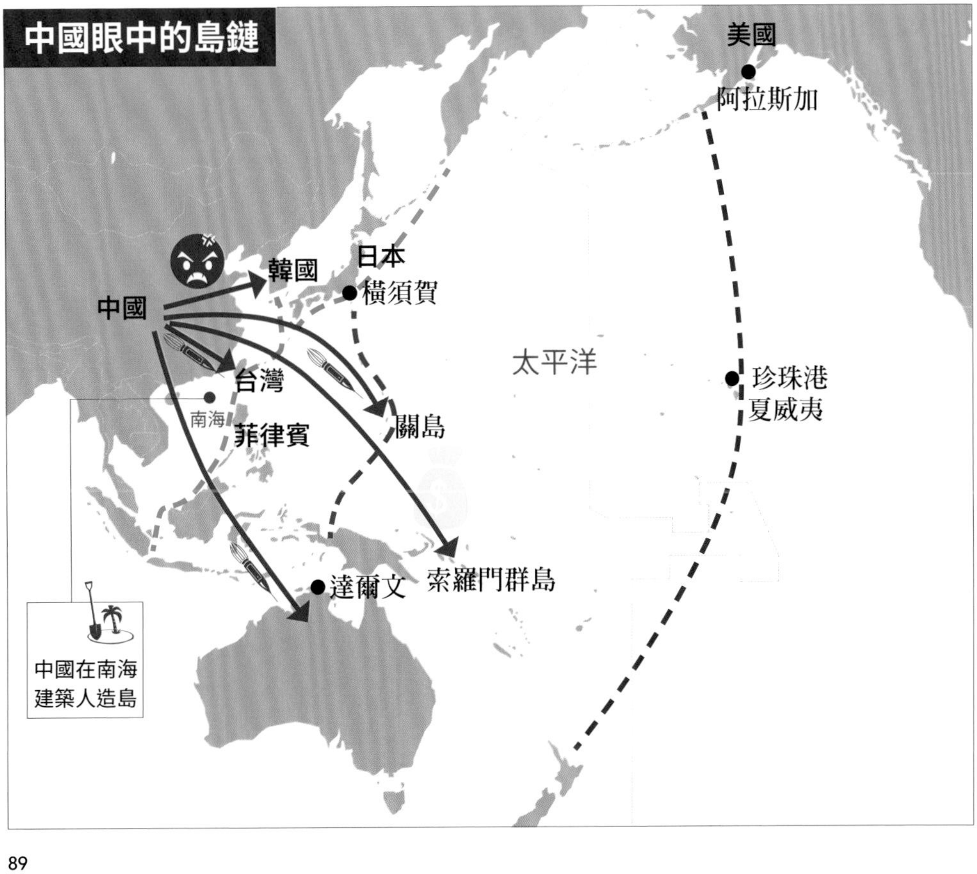
中國眼中的島鏈
美國
阿拉斯加
日本
橫須賀
韓國
中國
台灣
南海
菲律賓
關島
太平洋
珍珠港
夏威夷
達爾文
索羅門群島
中國在南海
建築人造島

日本眼中的島鏈

目前日本眼中的太平洋島鏈，已是同時兼具安全、經濟與價值觀的戰略要地。透過其主導的「自由與開放的印太地區」戰略，日本正顯現出想要成為島鏈新棋局玩家的意圖。

文／李世暉（國立政治大學日本研究學位學程教授）

日本眼光一

黑船來襲，從鎖國到開放

在一八五三年「黑船來襲」之前，日本並沒有明確的海洋戰略。當美國東印度艦隊司令馬修．佩里（Matthew Perry）率領包含兩艘蒸汽船、兩艘帆船，共四艘軍艦來到日本，讓日本首度感受到來自海洋另一端的威脅。德川幕府除了面臨「鎖國／開國」的壓力，也逐漸認知到海洋對於日本安全的重要性。**一八六八年，明治政府成立之後，立即以國家政策的角度來思考海洋情勢，並將周邊島鏈視為必須掌控的戰略要地**。

對當時日本來說，周邊最重要的島鏈地區包括：北方的庫頁島、千島群島，南方的琉球群島、台灣島，以及東南方的小笠原群島。明治政府首先於一八七二年將琉球王國置於鹿兒島縣的管轄，並要求琉球與清朝斷絕往來。接著在一八七五年與俄羅斯簽訂《樺太千島交換條約》，放棄庫頁島以換取對千島群島的支配權。

名詞解說

黑船來襲

日本雖是島國，但在德川幕府時代，卻傾向「陸權」戰略與外交思維，採取「鎖國」政策，拒絕與多數歐美海權國家通商。

一八五三年，美國以船身被塗上防鏽黑色柏油的現代軍艦「黑船」強勢叩關。

日本迫於情勢，隔年和美國簽訂《神奈川條約》（又稱《日美和親條約》），結束鎖國，開啟下田與箱館兩個港口。

此後，日本展開明治維新，向歐美取經，正式轉型為「海權」思維強國。

之後與英美交涉小笠原群島歸屬，於一八七六年將其劃歸明治國家的領土。**最後，在一八九五年《馬關條約》中取得台灣，日本初步完成島鏈戰略拼圖，並將其視爲不容侵犯、必須捍衛的主權線。**在太平洋戰爭期間，日本則進一步出兵關島、阿留申群島、中途島、索羅門群島等地，建構防護外來威脅、有利形勢的利益線。

日本眼光二

中國崛起，島鏈成爲日本多重利益線

二次世界大戰之後，當日本從帝國轉變爲民主國家，國際情勢從冷戰、後冷戰轉變爲新冷戰之際，位於亞洲大陸與太平洋之間的島鏈要地，在日本的眼中也出現了不同的意涵。**冷戰時期的日本**，受到和平憲法的制約，只關注與日本領土有關的主權線，乃致力收回琉球群島、小笠原群島與南千島群島（北方四島）。第一島鏈的其他群島，包括台灣、菲律賓在內，最多只是**日美安保體制**關注的利益線。而太平洋上的其他島鏈，更被日本視爲只與**美國國家利益**有關的利益線。

不過，隨著國際情勢、國家角色與國家能力的轉變，時至今日，日本眼中的太平洋的島鏈，已呈現出不同的戰略價值。首先，在中國海洋軍事力量快速崛起，中美對峙情勢日益升高的新冷戰時期，太平洋的島鏈已成爲新競爭場域。**其次**，日本與周邊島鏈地區建立的經濟貿易網絡，是影響日本國家發展的核心利益。**第三**，包括日本在內的島鏈地區國家，共享民主自由、市場經濟、法治支配等普遍

1953 年，美國特別印製合成馬修·佩里（Matthew Perry）準將肖像和「黑船」風景畫的郵票，紀念日本開埠百年。

價值觀，是與俄羅斯、中國等大陸威權國家抗衡的重要夥伴。從上述可以了解，**目前日本眼中的島鏈，已是同時兼具安全、經濟與價值的戰略要地。**

日本眼光三
日美安保，含括南太平洋

身處此一場域的日本，一方面持續提升海洋防衛力量，透過「自由與開放的印太地區」戰略，參與海洋安全議題；另一方面則擴大「跨太平洋夥伴全面進步協定」（CPTPP），作為深化與島鏈國家間經貿關係的重要平台。

與戰後初期只關注主權線的思維相比較，**新冷戰時期的日本已將第一島鏈與第二島鏈視爲重要的利益線。前者是與日本國家安全息息相關的利益線；後者則是與日本國家發展有關的利益線。而涵蓋南太平洋地區的第三島鏈，則是成爲日美安保體制共同關注的利益線。**

值得注意的是，圍繞著第一島鏈中心的台灣，被視爲最有可能爆發衝突的地區。尤其中國經常性以航空母艦突破台灣北部的宮古海峽，直接威脅日本的主權線。而中國海空軍在台灣南部的巴士海峽出沒，也影響了日本的海上生命線。

至於如何因應台灣海峽可能發生的衝突，日本國內有兩派意見。

一派是以「現實主義」爲出發點，主張透過遏阻、權力平衡的方式來因應。反映在實際的戰略作爲上，即是增加日美安保體制的嚇阻力量，並透過印太戰略

名詞解說

ABCD 包圍網
(ABCD encirclement)

第二次世界大戰期間，以美國（America）、英國（Britain）、中國（China）、荷蘭（Dutch）四國為首的「同盟國」，對日本實施貿易制裁與經濟封鎖，禁止石油、鋼鐵等重要物資輸入日本。這個包圍網名稱取自四國英文名字首字母，簡稱「ABCD 包圍網」。

來牽制中國。**另一派則是以「自由主義」爲出發點，強調可以透過貿易來達成和平**。反映在實際的戰略作爲上，則是善用中國申請加盟「跨太平洋夥伴全面進步協定」的時機，營造區域和平的氛圍。

日本眼光四
躍躍欲試，想當新棋局玩家

總的來說，太平洋地區就如同一個地緣戰略的大型圍棋棋盤。身爲玩家的大國，都想方設法占領棋盤上的有利位置，在棋盤上多占一些屬於自己勢力範圍的領地；進而在地緣戰略棋盤中取得上風，決定整場棋局的勝負。**帝國時期的日本，是棋局的玩家。爲了打破「ABCD包圍網」**（ABCD encirclement）**，試圖以其島鏈戰略取得戰略要地，主導太平洋戰爭的走向**。而在與美國對弈的過程中，日本最終是以失敗收場。

戰後初期的日本，是美國與蘇聯兩大玩家棋局下的棋子。棋子本身雖然有其利益考量，但在太平洋地區的島鏈戰略上相對缺乏自主性。

現在的日本，似乎顯現出想成爲新棋局玩家的意圖。美國依舊是棋盤上的重要玩家，而中國則是躍躍欲試的新玩家。在此預見的未來，面對太平洋島鏈棋盤不變，但玩家改變的新情勢，日本眼中的島鏈，也將出現全新的戰略意涵。

三條島鏈對日本有不同意義

1. **國家安全利益線**（軍事）
2. **國家發展利益線**（經貿網絡）
3. **日美安保體制共同關注利益線**（軍事、反霸權、反恐、區域安全、印太安全、民主自由、多邊區域經濟）

澳洲眼中的島鏈

只要處理好和印尼之間的關係，澳洲在地緣政治上沒有天敵；但澳洲自詡為美國在南太平洋區域的副警長，近年在印太戰略中扮演積極角色，不至於鬆動對島鏈盟國的安全承諾。

文／黃恩浩（國防安全研究院國防戰略與資源研究所副研究員）

澳洲眼光一 除了印尼，沒有地緣「天敵」

澳洲位居第二島鏈南端，屬南半球，在地緣政治上，澳洲只要處理好與印尼的關係就沒有所謂的「天敵」，但西太平洋島鏈國家日益重要，近年來澳洲在美國印太戰略上扮演積極的角色。

美國的印太戰略相當倚賴西太平洋島鏈國家，目標是強化與理念相近國家結盟，藉以抗衡中國或俄國擴張。美國以關島為中心，向北連結日本的小笠原群島、硫磺列島、美國馬利亞納群島，向南延伸至澳洲，整個區域被稱為第二島鏈，戰略地位不亞於第一島鏈。

自二戰以來，澳洲就是美國重要的傳統安全夥伴。美澳於一九五一年簽署**《澳紐美安全條約》**（ANZUS），共同處理太平洋地區安全防衛事務，該條約至今仍主導著美澳在西太平洋地區的安全合作，澳洲國防政策深受印太戰略的影響不

名詞解說

《澳紐美安全條約》（ANZUS）

在一九五一年，由澳洲、紐西蘭和美國三個國家簽訂，又稱為《太平洋安全保障條約》。現今條約架構是「美國和澳洲」、「澳洲和紐西蘭」聯合處理太平洋地區防衛事務。其中，美澳之間的合作尤為密切，包括海陸軍事演習、澳洲境內的防衛設施等。

潛艇浮出水面，停靠在澳洲雪梨達令港的海軍博物館前。

言而喻。

如前面所述，在地緣政治上，澳洲只要處理好與印尼的關係就沒有所謂的「天敵」，而且澳洲只要強化與亞洲國家的經貿關係，就可以支撐經濟發展。但隨著中國政治經濟與軍事力量向南太平洋擴張，澳洲不得不將最大貿易夥伴中國視為主要安全威脅，造就了澳洲目前「經濟傾中、安全依美」的外交政策。

澳洲眼光二

「尋求與強權結盟」是澳洲戰略傳統

在抗衡中國的戰略思維中，第一島鏈與第二島鏈是相互依存的安全關係，一旦第一島鏈國家遭受到侵略，位於第二島鏈南方的澳洲亦無法置身事外。這個戰略邏輯不僅可以解釋，為何澳洲自二戰結束後就相當支持美國在西太平洋的島鏈防禦，把強化與美國軍事安全合作視為國家安全支柱，也可解釋為何「尋求與強權結盟」是澳洲的戰略文化傳統。

澳洲及南太平洋各島國，具地緣戰略價值與豐富海陸天然資源，是中國擴張海權與推廣「一帶一路」的地緣戰略標的。中國也以經貿利益為手段，攏絡南太平洋各國，企圖影響該區域政治、經濟、

社會文化，甚至是國際關係。

中國的擴張不僅衝擊到區域國家的發展，同時也影響區域權力平衡，使得澳洲必須提高警覺，著手因應中國影響力的威脅。**在美國、紐西蘭與日本等國的支持下，澳洲已開始協助東帝汶、巴布亞紐幾內亞與其他南太洋島國，發展經貿、金融、安全與關鍵基礎設施，降低這些國家對中國的倚賴。**

在地緣戰略方面，中國正大力擴展在南太平洋的影響力，未來中國一旦掌握南太平洋重要島國，如索羅門群島或吉里巴斯，把她們當作軍事擴張據點，中國將有能力對第一島鏈與第二島鏈形成戰略威脅。

澳洲眼光三

南太平洋副警長，前進防禦

澳洲長期將南太平洋視爲安全後院，並自詡爲美國在區域內的副警長。澳洲關注南太平洋國家與中國的關係，是可以理解的，因此澳洲與中國在南太平洋的政治角力與外交競逐也是可預見的。

在美中競爭日趨白熱化的背景下，澳洲未來可能遭遇的威脅都與中國息息相關。因爲澳洲瞭解到第一島鏈防禦是第二島鏈的安全保障，這也是澳洲國防採取「**前進防禦**」（defend forward）政策的重要因素之一。

自二戰結束以來，爲確保區域穩定與國家安全，澳洲不僅與美國保有雙邊

名詞解說

前進防禦（defend forward）

對入侵者進行源頭打擊，在敵方行動對安全造成重大威脅挑戰前，先反制其進攻能力。

安全條約，也參與「五眼聯盟」（Five Eyes）、「四方安全對話」（Quad）以及最新成立的「澳英美三方安全夥伴關係」（AUKUS）。近年在區域經濟合作上，澳洲除了加入中國主導的「區域全面經濟夥伴協定」（RCEP）與「亞洲基礎設施投資銀行」（AIIB），也主導了「跨太平洋夥伴全面進步協定」的發展。

雖然澳洲在安全方面倚賴美國的戰略部署，但在國際經濟合作上，澳洲與中國有共同利益，這讓中國在澳中經貿互賴的基礎上，可以利用經濟手段來制約美澳安全合作。

對澳洲來說，在目前的國際安全架構下，不至於鬆動對島鏈盟國的安全承諾，但如何與中國在區域上繼續發展經貿合作關係，卻是個困境。

澳洲眼中的島鏈

澳洲以 AUKUS 和 Quad 兩個國際組織，將島鏈與印太地區都納入守備範圍。

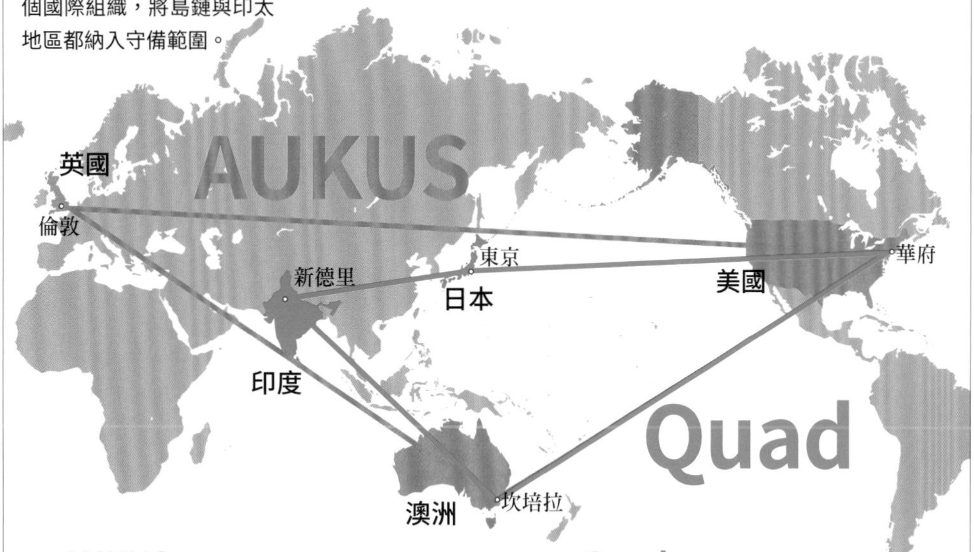
AUKUS
英國
倫敦
新德里
東京
日本
美國
華府
印度
Quad
澳洲
坎培拉

AUKUS

澳英美三方安全夥伴關係 AUKUS：建造核動力潛艦艦隊和高超音速武器互援體系，單單三個國家聯合，就可具有遠端打擊能力。

Quad

四方安全對話 Quad：美印日澳共同維持印太地區秩序。

印度眼中的島鏈

印度的地緣安全隱憂主要來自兩個國家，即巴基斯坦與中國。過去印度在外交上採取「不結盟」態度，但隨著中國在南方構築出「珍珠鏈」，印度也改採行「東進政策」，配合美國印太策略，將防禦線從印度洋延伸向太平洋島鏈。

文／黃恩浩

印度眼光一

地緣安全隱憂，巴基斯坦與中國

位於南亞大陸中心、瀕臨印度洋的印度，是繼中國之後另一個崛起的強權，也是「金磚四國」與「核武俱樂部」的重要成員。印度的經濟發展前景被西方國家看好，綜合國力快速成長，也讓她已具備作爲霸權的條件。

近二十年來，印度在政治、經濟與軍事等領域，都緊追著中國，並已達到可與中國相互匹敵與制衡的態勢。

二戰結束後，印度在地緣政治上的安全考量主要有兩方面。

在西邊，印度緊鄰巴基斯坦，雙方自一九四七年「第一次喀什米爾戰爭」（亦稱「第一次印巴戰爭」）發生以來就不合迄今。

在北邊，印度緊鄰中國的西藏地區，雙方一九六二年發生「中印邊境戰爭」後，在邊界爭議上就不時發生衝突，在軍事上互別苗頭。

名詞解說

不結盟運動
(Non-Aligned Movement)

冷戰時期，包含印度、埃及、南非在內的一百二十個國家，選擇不與美蘇兩大強權的任何一方結盟，藉以不捲入冷戰紛爭。

一般咸認，「不結盟」一詞是前印度總理尼赫魯（Jawaharlal Nehru）在一九五四年提出。不結盟運動國家將焦點放在反殖民主義、民族獨立自主、消除貧窮和經濟發展。

但值得注意的是，印度迄今仍缺乏一貫的國防戰略指導，軍方相關部門也經常各行其道，造成國防政策多元且莫衷一是。

然而隨著印度在南亞的快速崛起，並積極將政治與經濟影響力向西太平洋延伸，使得近年與中國的競爭已逐步成爲印度建構安全的重要戰略方向。

儘管印度在外交上仍一直奉行「中立」和「不結盟」（Non-Aligned Movement）的態度，但在安全與經濟考量都向西太平洋區域轉移的前提下，印度除了與美國深化外交與軍事合作外，也與第一島鏈上的日本及與第二島鏈南方的澳洲等國，都有安全上的合作。

印度眼光二

東進政策，扮演積極角色

從現實主義的角度來看，民主理念相近國家幾乎都受到中國崛起的挑戰與威脅，美國「印太戰略」可謂是提供了圍堵中國擴張的區域安全架構。美國將全球安全的戰略重心逐漸從中東地區轉移至亞洲，並積極拉攏印太區域國家參與這個

印度總理莫迪（中）提出「東進政策」，把印度洋和太平洋島鏈的防禦線串聯起來。

美國爲首的印太戰略，維護該地區的民主、和平、開放、自由與穩定。

印太戰略不僅要防止中國破壞印太區域秩序，也企圖營造一個互助合作的經濟合作環境。印太戰略所要追求的目標，並不違反印度的外交原則，也與戰略方向一致，所以印度在「四方安全對話」基礎上被美國視爲是印太戰略的重要國家。

另外，在印度總理納倫德拉．莫迪（Narendra Modi）執政下，將與東亞以及南太洋國家的關係視爲外交政策的優先事項，因此將**原來僅以經貿交往爲方向的「東望政策」（Look East Policy）轉變成更爲積極的「東進政策」（Act East Policy），以期在東亞地區扮演更積極安全的角色，並擴大與區域國家建立戰略夥伴關係**。

在「東進政策」上，島鏈的安全與印度的利益息息相關，因此不難理解爲何強調不結盟的印度願意與美國、日本與澳洲等國深化安全合作關係，並且願意共同在區域上推動經貿交流合作。

印度眼光三

受中國珍珠鏈戰略包圍，加入印太戰略反制

從地緣政治角度觀察，印度是被其他小國包圍的南亞大國，除巴基斯坦外，其他國家大致上與印度維持和平共處。在印巴長期不和睦的背景下，雖然雙方不時有摩擦，但巴基斯坦並未有足夠能力「抗衡」印度，所以巴基斯坦選擇與印度

名詞解說

東進政策（Act East Policy）

印度在一九九一年，由總理納拉辛哈．拉奧提出「東望政策」（Look East Policy），與東亞和東南亞建立更密切的經濟一體化嘗試。二〇一四年，總理莫迪更進一步提出「東進政策」（Act East Policy），採取更積極的具體行動，與東南亞、東北亞國家在政治、軍事和經濟等方面進行合作。例如，二〇一六年就參與印美日三國「馬拉巴爾」海軍戰艦聯合演習。

有邊界衝突的中國來結盟，以牽制印度。

此外，巴基斯坦更將觸手伸向阿富汗，期盼印巴若發生戰爭時，能夠進入阿富汗躲避，增加對抗印度的戰略縱深。

面對這樣的國際情勢，印度近年選擇同時強化與俄國以及美國的關係，獲得美俄雙方的軍事裝備，藉以建構抗衡中巴聯盟、劍指中國的「權力平衡」力量。

印度目前將中國視爲主要安全挑戰原因，還包括中國海權在印度洋的擴張。例如，中國近年積極推廣「一帶一路」倡議，其中從麻六甲海峽航經印度洋往中東的海上交通，被中國稱爲「海上絲路」。在這條航線上中國正有計畫地提升與該航線周邊特定國家的經貿關係，並深化對這些國家重要港口的控制。

中國的戰略目的是，強化能源運輸安全，並增強對印度洋地緣政治影響力。所以，**將這些中國所覬覦的港口串聯起來，就是西方所稱的中國「珍珠鏈戰略」。**

中國在印度洋的戰略規劃與部署，直接挑戰了印度的海上安全。在南北都面臨中國威脅的狀況下，積極參與「四方安全對話」並配合美國「印太戰略」，就似乎成爲印度不得不的戰略選擇。

印度眼光四

配合美國，島鏈防禦向印度洋延伸

客觀來說，二戰結束後，印度對西太平洋島鏈的安全並不重視，不結盟

中國把印度南方的港口串聯起來，形成包圍網。印度積極反制，也是不得不的戰略選擇。

的堅持讓印度只關注於建構南亞地區的安全環境。

然而，隨著中國對中印邊界衝突採取強硬態度，以及中國在印度洋區域逐漸常態化的軍事部署，印度積極提升自己的國防力量，也在外交上採取「東進政策」，強化與西太平洋島鏈國家及美日澳三國的經濟與軍事安全合作關係。印度願意配合美國在廣大的印太區域制衡中國，可視爲是島鏈防禦向印度洋的延伸和擴展。

但是值得注意的是，印度長期以來都堅守「中立」且「不結盟」的政策，當印度在面對印太區域國家與中國或俄國發生衝突時，是否會實現其在「東進政策」中所做出的安全與合作承諾，有待觀察。

印度眼中的島鏈

印度加入美日澳為首的「印太戰略」陣營，讓整個太平洋島鏈向西延伸到印度洋及北非。對印度來說，這是影響力反向「東進」的機會。

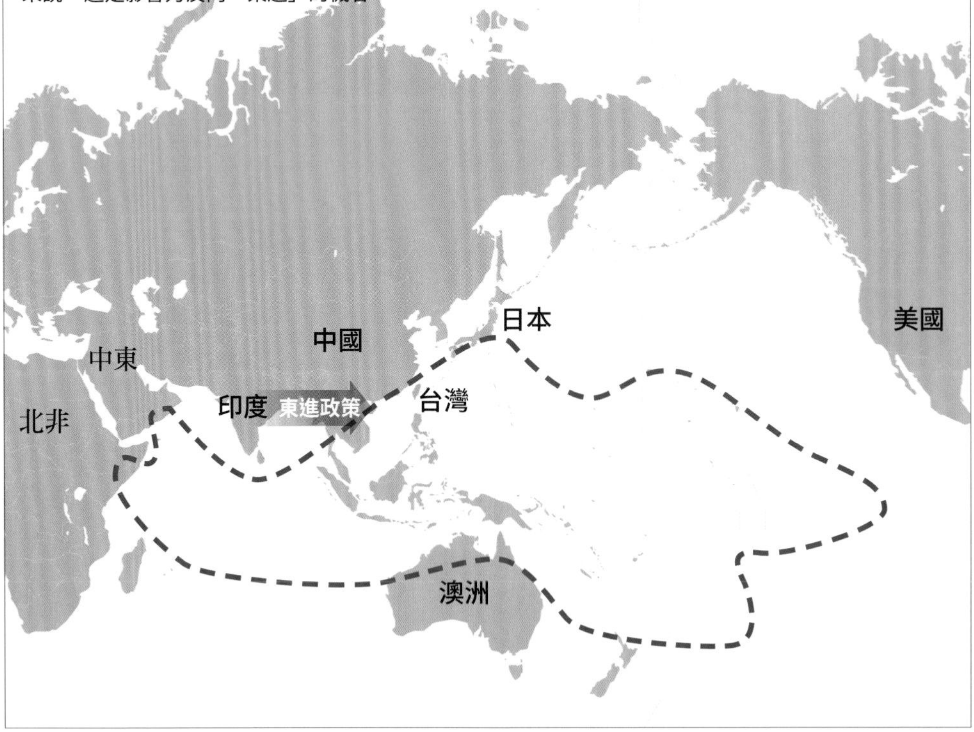

歐洲眼中的島鏈

在地緣上，歐洲距離東亞較為遙遠，加上歐洲一直想當獨立於美中之外的世界第三強權，對中國的態度與對太平洋島鏈上的海陸權競逐變化，一向採取兩面討好的外交政策。但隨著中國「一帶一路」戰略延伸向歐洲，雙火車頭德國和法國對中政策也開始分道揚鑣，美中恐相繼捍衛各自的代理人德國和法國。

文／張孟仁（輔仁大學義大利語系副教授兼系主任、外交暨國際事務學程召集人）

歐洲眼光一

雙火車頭德法，對中路線大異其趣

德法兩國向來為歐盟的雙火車頭，然而對中政策卻分道揚鑣。

德國成功站上價值外交與擺脫依賴的指標；法國則是「悖美效中」的象徵。雙方即將成為歐盟內部親中親美的拉鋸戰及各自的表率，也會影響之後歐盟統一對中路線的成形。

德國近期5G政策趨嚴、較高級別的國會代表團和教研部長訪台、漢堡港的中資恐重新審查等跡象，可充分說明近期德國外交部長赴中立場強硬早有蛛絲馬跡可循。

倘若加上更早之前的德艦東來、德國總理奧拉夫・蕭茲（Olaf Scholz）不到一年二訪日本、「對中政策綱領」的草案副本著眼於「減低對中依賴」，更顯示出德國的亞太布局如火如荼。

名詞解說

德艦東來

一向在軍事上自外於東亞局勢的德國，在二〇二一年派出巡防艦巴伐利亞號（Frigate Bayern）從北海出發，展開六個月印太航程。德國官方表示，這是依循二〇二〇年德國公布的《印太戰略指導原則》，強調德國的繁榮和地緣政治影響力，取決於和印太國家的交往。

其中，德國脫離梅克爾（Angela Merkel）長達十六年的傳統「重商友中」路線，將台灣置於戰略的重要位置，相形於法國總統馬克宏（Emmanuel Macron）不願抽離對中依賴的態度，更容易獲得西方盟友加上日印的青睞。

馬克宏採取了「脫美入亞」，將重心置於中國，有別於其他西方國家圍堵的戰略模式。

馬克宏式的「戰略自主」走向第三條路是採經濟靠中；戰略自主遊走美中，但與北歐國家恐俄亟欲加入北約、中東歐厭俄親美拒「一帶一路倡議」大異其趣，可能僅有友俄中、反美的匈牙利能與之唱和。

歐洲眼光二
想當第三權，無法自外東亞陸海權競逐

明明馬克宏曾於二〇一九年三月在義大利簽署「一帶一路倡議」之前，抨擊不應對中國過於天真，拜他所賜，這也讓歐盟在當年推出「抗中」十個對策，並定義「制度性競爭對手」試圖統一對中國的立場。

換言之，馬克宏原本可藉聯合國安理會既有位置，加上本身備有核武，以高於德國之尊帶領歐盟高舉價值外交，此時卻拱手將帶領者的位置讓給德國。

德法對中路線迴異，美中恐相繼捍衛各自的代理人。

德國關掉核能、減低對中關鍵依賴、審查中資、要求中國市場公平開放、親台、

蕭茲

德國總理蕭茲強調減低對中依賴，顯示德國正積極布局亞太戰略。

護台海和平、勇於抨擊新疆西藏人權等作爲，有助於歐盟鞏固原本入會所該秉持的「市場經濟、民主、法治」三原則。

要想作爲獨立於美中之外的第三權，本該站在道德制高點「該言則言」，不屈服於「經濟威脅」，藉此提供第三個選擇。德國目前「減低關鍵依賴」、「高舉價值外交」應該才是民主陣營該有的表現與態度。

歐洲眼中的島鏈

歐洲內部對東亞的戰略觀點不一致。德國派海軍艦艇東來，途經越南、新加坡、澳洲、關島、日本、南韓等地，都是海權美國的陣營。法國則反向與中國把手言歡，站到陸權中國陣營。

美中交鋒

美國印太戰略 vs 中國一帶一路

「印太戰略」和「一帶一路」，被視為海權美國和陸權中國各自在國際間擴大聯盟、揪團打群架的戰略法寶。

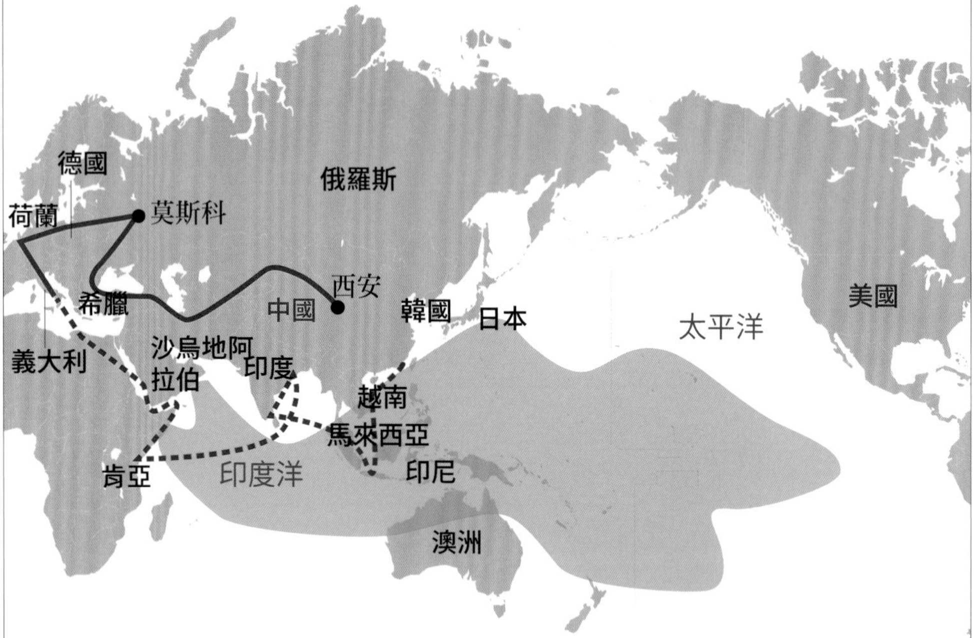

一帶一路

包含陸上的「絲綢之路經濟帶」和海上的「21世紀海上絲綢之路」，是中共國家主席習近平打造大國外交的核心戰略，藉著「經濟廊帶」和「外交金援」，協助一帶一路同盟國打造基礎建設，成功拿到鐵路、港口等經營權和租借權，為中國軍事勢力往外的出口預先鋪路。

印太戰略

包含「四大四小」，是以日本前首相安倍晉三的「亞洲民主安全之鑽」美日澳印四大國菱形連線為基礎，再納入新加坡、越南、菲律賓、台灣四小國，成為含括整個印度洋和太平洋的戰略大聯盟。

5 當代島鏈現場

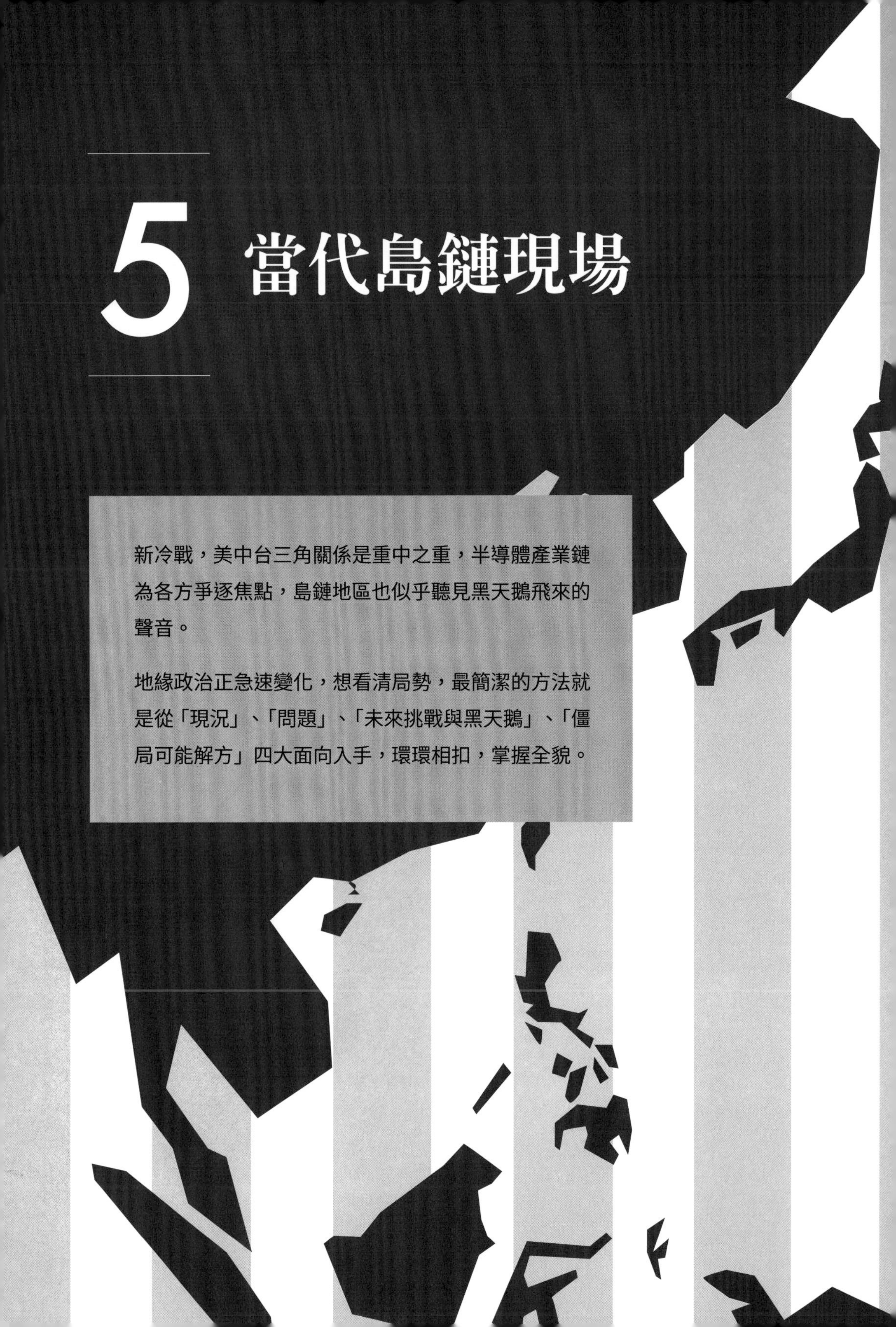

新冷戰，美中台三角關係是重中之重，半導體產業鏈為各方爭逐焦點，島鏈地區也似乎聽見黑天鵝飛來的聲音。

地緣政治正急速變化，想看清局勢，最簡潔的方法就是從「現況」、「問題」、「未來挑戰與黑天鵝」、「僵局可能解方」四大面向入手，環環相扣，掌握全貌。

島鏈現況 中國強勢崛起與新冷戰格局

中國強勢崛起，美中台三角關係影響全局。然而，新冷戰的弔詭之處就在中美貿易互賴度高，全面對立將影響經濟甚鉅。如何因應新冷戰的緊張局勢，各國各有盤算。

文／陶雨融

重中之重
美中台三角關係

「想讓中國感到頭疼或三思而行，遏制其侵略行爲？那就看看地圖吧。」

美國海軍學院教授霍姆斯（James R. Holmes）發表研究，開宗明義指出「地理位置」使得美國與日本同盟擁有充足的機會，在西太平洋廣闊的機動空間中阻止中國軍事進攻，並阻礙中國在亞洲沿海的活動。理想狀況是，這個空間還會讓美日同盟在加強離岸島鏈防禦的同時，也能將海軍資源部署在相鄰海域，獲得重大戰略效益。

近年來，第一島鏈的戰略重要性重新被注意，針對的自然是中國帶給美國，乃至全球自由民主國家的威脅及挑戰。其中，台灣位於第一島鏈中心位置，加上中國不斷威脅台灣、挑戰美國，使得「美中台」三角關係成爲「新島鏈政治」的重中之重。

名詞解說

貿易壁壘

又稱「貿易障礙」，是指國家介入國際貿易的手段，讓出口國貨品成本上升，以達到對己方有利的效果。如果貿易壁壘太嚴重，就會演變成貿易戰。

爲什麼中國會強勢崛起？蓬勃經濟活動是增強軍事實力的主因。

以美國爲首的西方國家，過去普遍相信隨著中國經濟增長和現代化的進程，最終也會實現民主化，但西方誤判中國共產黨體制對權力掌握的執著。而且中國經濟影響力逐漸坐大，讓區域經濟受到牽制，等發現中國開始挑戰世界民主秩序時，民主國家已然錯過牽制其權力的最好時機。

中國大力推進國防現代化和技術創新，將觸角伸入南海，大興人工島礁及軍用機場，引發一場又一場和越南、菲律賓等國的糾紛。若再加上北韓核導彈等問題，美日等國不得不正視因地緣政治變化所導致的安全威脅，並以新的「印太戰略」應對。

新冷戰
中美經濟互賴高，各國各有盤算

許多人會用「新冷戰」一詞來描述亞洲當前的緊張局勢，而且「新冷戰」層面甚廣，含括了貿易、科技、軍事、地緣政治等。「新冷戰」一詞來自美國前總統川普時期的副國家安全顧問博明（Matthew Pottinger），當時他主張美國應對中國的貿易、技術和國家安全等領域採取更對抗性的戰略。

但是，在貿易方面，美中貿易戰導致關稅上升和貿易壁壘，對兩國和全球經濟都產生負面影響。**在經貿或技術領域，過往冷戰期間「石油」象**

後冷戰含括的層面，比冷戰更廣，國際格局也變得更複雜。

徵了整個時代的爭奪，現在半導體晶片則是新時代的「新石油」。晶片競逐戰所及，也含括美中在人工智慧、5G 技術和其他領域的競爭。

但是「新冷戰」這個術語是否完全準確，仍有爭議。一個關鍵差異是，中美之間的經濟相互依賴程度甚高，這在二戰後的冷戰期間並不存在。中國目前是美國最大的貿易夥伴，許多美國公司在中國投資了大量資金。全面冷戰可能對雙方都產生嚴重的經濟後果。

另一個差異是兩國所處的全球背景。在冷戰期間，世界在很大程度上被劃分爲兩個對立的陣營，美國和蘇聯分別領導著這兩個陣營。當下，世界沒有明確的對立陣營，許多國家都在尋求同時與中國和美國維繫良好關係。

三維棋局

軍事、經濟、社會

哈佛大學教授、前美國國防部國際安全事務助理部長約瑟夫·奈伊（Joseph Nye）認爲，「冷戰」一詞對理解當前情勢幫助不大，更準確的形容應該是「在全球化世界中爭奪權力和影響力的競爭」。他認爲，現在與中國的競爭是一個三維棋局，權力的分配不是單一層面的，而是分布在各個層面——軍事、經濟和社會。

還有一點必須特別注意，東南亞的新加坡、印尼、越南等「中等強國」，現

名詞解說

避險外交

指小國家避免在強權兩邊選邊站，利用模糊的立場，為自己留下後路。弱小國家集體採用避險外交，也會影響強權的戰略規劃效果，這在東南亞國家尤其明顯。

在是美中各自「島鏈戰略」的交會點，常會基於自身利益考量，在美中關係中，選擇「避險外交」影響大國競爭格局。

還有歐洲的英、德、法等強國，以及興起中的印度與澳洲，也各有盤算，她們和中國的關係也難以「全面對抗」的模式來看。

一帶一路
俄羅斯
荷蘭
德國
烏茲別克
哈薩克
烏魯木齊
蘭州
西安
義大利
土耳其
希臘
中國
伊朗
塔吉克
絲綢之路經濟帶
21 世紀海上絲綢之路
吉爾吉斯
福州
印度
廣州
越南
海口
斯里蘭卡
肯亞
馬來西亞
印尼

中國的一帶一路戰略，在 2013 年正式倡議，分為南北兩條路線，把整個歐亞非大陸都包進中國的影響力範圍。2012 年，美國總統歐巴馬也提出「重返亞洲」策略，中美雙方一起拉開「後冷戰時代」的序幕。

島鏈問題 揪團打群架與半導體地緣政治

美國以結盟為外交策略，組織多個機制來防堵中國勢力外擴。其中，晶片四方聯盟將全球半導體江山一分為二，晶片產業鏈變身地緣政治新戰場。

文／陶雨融

島鏈僵局 各國多方結盟

雖說各國各有盤算，但島鏈地緣政治僵局影響所及，包含了貿易、產業鏈、反制措施、戰略部署、軍事演習等，確實產生了一切牽制中國的機制。

美日兩國最爲積極，美日與盟友加強情報蒐集和訊息共享，並在第一島鏈周圍的東海和南海進行海上巡邏和聯合演習，還實施一系列的**經濟制裁**和技術禁運，包括對中國的貿易限制、對半導體材料等敏感技術的出口限制等。

美國總統拜登上台後，持續了川普任內力抗中國的外交政策，他以結盟「打群架」的方式防堵中國。

目前，以美國爲首，針對中國的組織和協議主要有：

◆**五眼聯盟（Five Eyes）**：由美國、英國、加拿大、澳洲和紐西蘭組成的情

名詞解說

經濟制裁

用非武力方式達到制裁某個國家的效果。範圍包含貿易、金融、旅遊、金融、物資等面向。

報聯盟，目的在分享情報、加強安全合作以及保護五個國家的國家利益。五眼聯盟成員國認爲，中國的行爲對於自由、民主和人權構成了嚴重威脅，所以採取一系列措施來打擊中國的影響力，例如禁止使用華爲等中國科技公司的產品。

◆**2＋2對話**：指美國和日本、美國和韓國之間的外交和國防對話機制，旨在加強兩國在安全和防禦等領域的合作，以應對中國等地區安全挑戰。

◆**AUKUS**：由美國、英國和澳洲組成的三邊安全合作協議，旨在加強三國在軍事、情報和技術等領域的合作，特別是潛艇技術方面。

◆**Quad 四方會談**：由美國、印度、日本和澳洲組成的四邊安全對話機制，旨在推動自由和開放的印太地區秩序，加強四國在安全、經濟、人文等領域的合作。

◆**晶片四方聯盟（Chip 4）**：由美國主導、邀請日本、台灣和韓國四國於二〇二一年九月成立，旨在推動全球半導體產業的多樣化和更大的安全性。聯盟的成立被視爲是一個回應中國在半導體領域日益增長的影響力，加強成員國在半導體技術研發和生產上的合作，以應對全球晶片供應鏈的漏洞和威脅。

除此之外，北約、歐盟、東盟等國際組織和協議，都有美國借力打力，針對中國的措施。

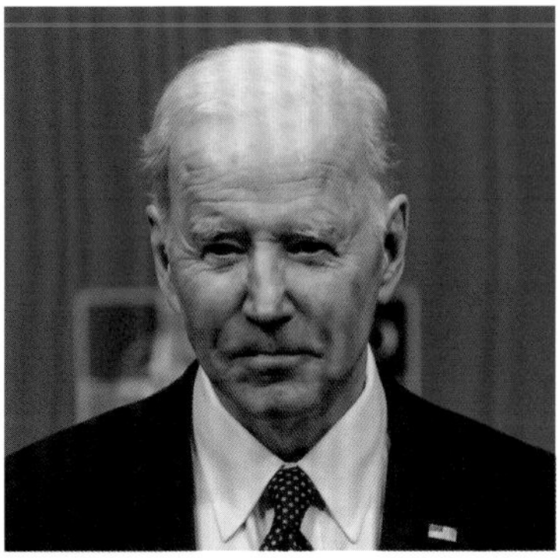

拜登

很多人都沒料到，美國總統拜登上台後會延續川普任內力抗中國的外交政策。

半導體地緣政治
晶片是二十一世紀的石油

以晶片四方聯盟爲例，美日台韓爲了減少對中國供應鏈的依賴，彼此加強技術合作和投資，確保供應鏈的韌性與**稀土**等關鍵資源的供應，目標是創造一個有競爭力的替代方案，以應對中國在半導體行業的強勢地位。

從手機到衛星，超級電腦到電動車或無人機，晶片成爲二十一世紀的石油，不僅是商業的科技新寵兒，更是最重要的戰略資源。

在白宮看來，中國在半導體領域的快速崛起，是以不正當手段獲取美國技術爲基礎，因此美國通過制裁、禁售等手段，限制中國企業獲取美國技術，以保護自身的技術優勢。

例如，美國政府將中國電子巨擘「華爲」列入實體清單，禁止美國企業，甚至台灣的台積電，向華爲銷售關鍵零部件和技術及晶片，限制華爲在半導體領域的發展。制裁令後兩年內，華爲的手機生產線瀕臨停產，打擊力度之大，超出想像。

台韓入列晶片四方聯盟化被動爲主動

在這場半導體晶片戰爭中，台灣的角色和韓國的加入，影響島鏈抗中路線的實施，最值得注意。

名詞解說

稀土
被稱為二十一世紀的科技金屬，產量很少，可應用於製造業催化材料、永磁材料、螢光材料等，是高科技產品中不可或缺的原料。

作爲美國盟友的台灣，是全球最大的半導體生產基地之一，也是全球先進晶片生產技術的重要研發和製造中心。因此，美國和一些國際企業正通過與台灣企業的合作、投資，獲取更好的半導體供應和技術支持。

韓國近年的轉向備受矚目。自二〇二二年新任總統尹錫悅就任以來，開始往親美路線緩步移動，偏移前任總統文在寅友中疑美路線。

二〇二三年四月尹錫悅訪美，與拜登舉辦超級高峰會、國事會議，兩國慶祝外交關係七十週年。尹錫悅公開表示，韓美的關係是首爾外交政策之基石，兩國之間的戰略同盟關係非常重要。他也提示，中國帶來的安全威脅、台灣議題等，終至引發中國的激烈不滿及抨擊。

但是，具有半導體大廠三星電子的韓國，在中國仍有巨額投資，如何正式加入美日同盟，已是下一個島鏈現場的重要議題。

上：美中大打貿易戰，美國對中國電子大廠「華為」發出制裁令後，華為手機生產線瀕臨停產。
下：新冷戰，半導體成為 21 世紀的「新石油」，台灣的台積電牽動整個島鏈的地緣政治。

島鏈未來挑戰　全球最危險的地方與黑天鵝

《經濟學人》形容台灣是全世界最危險的地方，黑天鵝是否飛到東亞地緣，左右了全球政治與經濟的未來。

文／陶雨融

兵棋推演
台灣慘勝，中國戰敗

無論站在美國或中國立場，台灣作為第一島鏈的中心，戰略地位之重要無庸置疑。近年來，無論是《紐約時報》專欄以「台灣，全世界最重要的地方」，或《經濟學人》以「台灣，全世界最危險的地方」來描述台灣處境，都顯示西方媒體認為台灣戰略地位甚至高於烏克蘭。

有關台灣在第一島鏈如何圍堵中國，或遏止中國入侵，國際間不斷有軍事專家倡議「不對稱戰略」（Asymmetric strategy），特別是莫斯科入侵烏克蘭之後。不對稱戰略是指在戰略實施上，使用的手段、力量、目標等方面存在明顯的不對等情況，弱勢方用較小的代價達到最大的效果。

此外，二〇二三年位於華府的美國獨立智庫「戰略與國際研究中心」主持的**兵棋推演**（wargame）報告指出，中國若在二〇二六年對台灣發動戰爭，結論是，

名詞解說

兵棋推演（wargame）

又被稱為「室內軍事演習」或「桌上演習」。

通常有兩組以上的模擬扮演者，以對方為假想敵，利用地圖的戰鬥單位來進行戰場推演。

參與模擬的組別互相不知道對方的戰略與部署，幾經對峙後，推演出勝敗的結果。

在美國及日本介入協助台灣的情況下，三周左右的時間，中國人民解放軍將會戰敗，並對中國政權產生嚴重影響。而台灣將「慘勝」，經濟重創、民生崩潰，同時美國及日本的軍事力量也會遭遇嚴重折損。解放軍將損失一百五十五架作戰飛機及一百三十八艘主力艦艇，中國海軍將「潰不成軍」，約一萬名解放軍陣亡，數萬名解放軍士兵則淪爲戰俘。

中國回擊
擴大海上軍事力量

根據美國海軍學院霍姆斯教授指出，每年五角大廈關於中國軍事實力的報告都包括一張地圖，清晰的描繪出第一島鏈。**就白宮角度來看，這條島鏈將對中國海域的進出口形成強大的屏障**。部署在第一島鏈和海峽周圍的部隊，可以讓中國感到棘手。

不過，中國也正在加強區域內國家的經濟合作，提高自身的經濟地位和影響力，減少區域國家對美國的依賴程度。

其中，習近平雄心勃勃推動的「一帶一路」倡議最引人矚目。他試圖加強與南亞、東南亞、非洲等地區的合作，還在繼續擴大中國在區域經濟中的影響力和市場份額。中國並試圖與亞洲一些國家加強軍事合作（譬如柬埔寨），提高防禦能力，並持續推動區域多邊合作，加強與東盟、

南亞協會等區域組織的合作，擴大中國在區域事務中的影響力和發言權。

作爲全球第二大經濟體和最大的貿易國家，習近平的戰略是積極發展軍事港口和基地，擴大海上軍事力量，加強對南海和東海等地區的控制能力。

但值得注意的是，中國在南海島礁上的爭議，也造成島鏈南端的菲律賓，開始遠離中國，並轉向親美路線。二〇二三年四月，菲律賓與美國舉辦數十年來最大規模的聯合軍事演習，震撼了南海各國，並讓中國強烈抨擊，批評馬尼拉正「走向錯誤的道路」。東南亞國家數十年下來，擅長在與西方及中國之間玩避險外交，情勢是否轉變值得關注。

地緣黑天鵝

「修昔底德陷阱」與「戰爭難免？」

在全球風險管理和預測中，黑天鵝（Black Swan）意味著在預測模型或經驗數據之外的嚴重意外事件，通常被用於形容極端稀有、異常、罕見且具有重大影響的事件，例如二〇〇八年金融海嘯、二〇〇一年美國九一一恐攻，還有二〇二〇年新冠肺炎爆發等。

從島鏈來看，美中台三角間的緊張關係引發中國武力犯台，一直被各界關注是否成爲島鏈地緣政治的下一隻黑天鵝。

其中的背景是美中實力的消長，是否會符合各界熱中討論的**「修昔底德陷阱」**

名詞解說

修昔底德陷阱（Thucydides Trap）

概念源自於古代雅典歷史學家修昔底德的描述，他認為雅典和斯巴達不可避免會發生伯羅奔尼撒戰爭，因為斯巴達對雅典實力日漸增長產生恐懼。現代的「修昔底德陷阱」一詞則由美國政治學者格雷厄姆．艾利森（Graham Allison）提出，主要是形容每當新興強國崛起，威脅到現有國際霸主時，雙方可能爆發戰爭。

（Thucydides Trap）：一個正在崛起的大國挑戰現有的超級大國時所面臨的危險局面，譬如戰爭。

美國和中國在貿易、技術、人權等方面存在分歧和衝突，已導致雙方的貿易戰和科技戰。許多專家認爲，如果美中不能妥善處理彼此間的競爭和衝突，就可能會導致修昔底德陷阱發生。而兩邊若發生軍事衝突，自然是因爲台灣問題。

對於台海戰爭這隻似乎「聽聞其聲」的黑天鵝，如何遏止戰爭、維繫和平，各方一直存在激烈辯論。

習近平面對蔡英文執政，不斷向台灣提出強硬要求。包含二〇一九年的「一國兩制，台灣方案」，遭到蔡政府及台灣民意拒絕。二〇一九年中共武力鎮壓香港示威，間接讓蔡英文在二〇二〇年總統選舉中大勝。

但習近平持續文攻武嚇，挑戰台海現狀，即便新冠肺炎重創中國經濟及國際信任，仍未有鬆手的跡象。**因此，許多評論認爲，台海戰爭，這隻黑天鵝飛來只是時間問題。但是，也有人認爲維繫和平仍有解方。**

日本認為「台灣有事就是日本有事」，在島鏈冷戰上積極布局，圖為日本神盾驅逐艦。

島鏈僵局可能解方

嚇阻戰術有效嗎？美國似乎掉入了一個陷阱，在對抗中國時持續消耗著自己？

文／陶雨融

可能解方一
嚇阻中國，但不激怒

台灣的統派或親中派認為，台灣需要與中國合作，進行談判，包含在什麼樣的條件下統一，或以「九二共識」維繫現狀，避免激怒中國。甚至急統派還主張接受一國兩制，擺脫美國控制，與中華人民共和國「統一」。

台灣獨派或台派則認為，積極備戰，增加實力並與其他國家結盟，用**嚇阻戰術**可以阻止中國動武的念頭。

但是，對美國來說，如何嚇阻中南海、維繫台海現狀及和平，一直存在的激辯就是「戰略模糊」（Strategic Ambiguity）與「戰略清晰」（Strategic Clarity）的交戰。

所謂「戰略模糊」，即是表明美國政府在台海戰爭危機上的立場模糊，美方不會表明會如何應對中國攻台；而「戰略清晰」，則是美國明確表示中國對台使

> **名詞解說**
> **嚇阻戰術**
> 以足夠的軍事實力來嚇阻潛在敵人，讓敵方不採取激烈的軍事行動。如果戰事即將爆發，其中一方在另一方未開始前就提出報復威脅，有時也能遏止軍事衝突發生。

用武力時的回應政策。

近年，美國華府有一派學者提倡美國應對中國採取溫和斡旋方式，被稱爲「擁抱熊貓派」。其中最知名的旗手是白潔曦（Jessica Chen Weiss），她持續爲文批評美國抗中的外交政策，美國將中國共產黨視爲敵人的想法，加劇了中美關係的無限期惡化及爆發災難性衝突的危險。「美國似乎掉入了一個陷阱，在對抗中國的時候持續消耗著自己。」

白潔曦認爲，美國支持台灣、威懾中國的許多行動反而加劇了中國的緊迫感，使得習近平覺得有必要向台灣發出警告，以遏制不斷增長的台美關係。白潔曦認爲「美國不斷掏空一個中國原則」，會給中國增加很多困難和麻煩，但阻止不了中國統一和民族復興的野心，且可能加速中南海對台獨勢力的清算及對美國的反制，加速中國想要統一的進程。

可能解方二

美國擇定戰略清晰或戰略模糊

但是，美國智庫外交關係委員會主席哈斯（Richard Haass）與大衛・薩克斯（David Sacks）二〇二〇年發表文章稱美國的「戰略模糊」已死。他們認爲，美國應該採取「戰略清晰」的政策，明確表明美國將在中國對台灣進行攻擊時捍衛台灣。其他批評者則認爲，美國的戰略模糊會在台

對於美中衝突，美國國內有「戰略模糊」與「戰略清晰」兩種主張正在辯論著。

灣海峽造成不確定性和不穩定，最終增加了衝突風險。他們認爲，美國應該明確其對台灣的立場，以促進穩定，防止中國進行錯誤判斷。

無論是「戰略清晰」或「戰略模糊」，就美國或台灣觀點來看，唯有增強實力，才能在選擇這兩個策略走向時奏效，亦即嚇阻中國，或者阻止黑天鵝自中國飛抵台海。

而所謂實力，包含美國國力的增強、在經濟及科技上減速中國的腳步，進而拖住解放軍的軍事發展。

綜覽了島鏈局勢的現況、問題、挑戰、黑天鵝與可能解方，不管未來是衝突的走勢或和平的走勢，都能在心裡有個完整的全貌。

習近平持續文攻武嚇，挑戰台海現狀，許多評論認為，台海戰爭，只是時間問題；但也有人認為維繫和平仍有解方。

6 名家銳眼看島鏈與台灣

海陸競逐，台灣要如何才能掌握自我主導權？

國際關係，經濟文化，軍事戰略，國防布局，名家的分析與論證，提供推敲路徑。

原來，想要維持台海現況，思維與做法都必須與時俱進。透過聯盟，把中國的戰力分散到印度與中亞，就等於是在防禦台灣。

【國際關係】

矛與盾的抗衡——島鏈國家如何選擇？

島鏈地緣政治可以理解成「矛」與「盾」的態勢。中國不可能坐視台灣加入海權國家對抗中國，美國也不可能坐視台灣和中國統一，成為陸權刺穿海權防線的矛。台灣只能是維持現狀，在海、陸兩權的平衡點上保住安全。

文／劉必榮（東吳大學政治學系教授）

矛與盾一

國家地理位置，決定外交政策

一個國家的外交政策，受到很多不同因素的影響，包括國家的經濟與軍事實力、國際體系的結構、領導人的性格與行爲模式，以及國家的地理位置。

有些國家的地理位置，讓她得以採取孤立或半鎖國的外交政策，比如緬甸；但有些國家的地理位置，又讓她必須跟所有的強權國都建立關係，且是平衡的關係，比如新加坡。

「陸聯國」（The land-linked country）和**「陸鎖國」**（The landlocked country），在外交上選擇的空間也大不相同。蒙古就是陸鎖國，要出口只有靠中國或俄國，所以影響蒙古外交的兩個最重要的因素，就是她和中國與俄國的關係。**地理位置不可能一夕之間改變，因此也成爲了影響一國外交政策取向的最主要因素。**

名詞解說

陸聯國
（The land-linked country）
意指內陸國家透過對外走廊、交換領土、改善河流航行條件、貿易協定等方式，得到通往國際水域的機會，解決地理環境所造成的閉鎖狀態。例如，中南半島的陸鎖國寮國，正透過泛亞鐵路計劃，開通與中國、越南、緬甸、泰國的連結。

陸鎖國
（The landlocked country）
意指地處內陸，領土未與海洋相連或海岸線位於內陸盆地的國家；對外運輸只能透過陸路且必須經過鄰國，與鄰國維持友好關係尤為重要。這種地理環境會造成政治與經濟的劣勢，所以陸鎖國必須設法轉型為「陸聯國」，找到進入國際水域的方法。

這種情形在島鏈國家的外交政策上看得尤爲清楚。

十九世紀以來，海權國家與陸權國家的對抗，就是國際政治的主要格局。十九世紀末英國與德國的對抗，英國是海權，德國是陸權。這個對抗最後引爆了第一次世界大戰。到了二戰，陸權國家的代表還是德國，海權變成美國。二戰後，陸權國家代表變成蘇聯，海權還是美國。後來蘇聯的地位變成俄國，其後又被中國取代，海權國家則爲美國、日本、澳洲等國所代表。

矛與盾二

維持現狀，是台灣的宿命

中國傳統上是個陸權國家，但是現在這個陸權國家要出海了，讓海權國家大爲緊張。

清朝末年，中國還有海防與塞防之爭，就是中國的敵人究竟是從海上來還是從陸上來？當時李鴻章認爲日本是中國的主要敵人，因此主張聯俄，屬「海防派」；左宗棠則認爲俄國對中國才是深具野心，朝廷應該全力防俄，屬「塞防派」。

之所以有海防與塞防的辯論，兩人對國際情勢判斷不一固爲原因之一，更重要的當然是資源不足，只能在海防與塞防之間擇其一。**今日中國崛起，國勢日強，海陸自可同時推進，無需在二者擇一，給海權國家帶**

來的威脅乃因此更大。

台灣的地理位置，剛好就落在西太平洋，海權與陸權對抗的交會點，是個典型的島鏈國家。**島鏈的地理位置，決定了台灣的外交宿命**。

一九五〇年韓戰爆發，美軍協防台灣，台灣因爲島鏈的關鍵位置，讓台灣免於被赤化。但是由於第七艦隊協防台灣，台灣海峽被中立化，台灣也從此無法越過中線對大陸反攻。**維持台灣的現狀，便成爲台灣的宿命**。

冷戰高峰的時候，台灣是民主陣營對抗共產陣營的前線國家，是美國永不沉沒的航空母艦。冷戰結束後，兩個陣營的對抗不再，但地緣政治上海權與陸權的對抗卻依然持續。這是結構性的問題，不容易改變。因此不沉沒的航空母艦依然有她的價值。

矛與盾三

慎行，是最高準則

地緣政治的對抗也可以從另一面看過來。從海權國家（美國）圍堵陸權國家（中國）的角度來看，台灣是第一島鏈。

從中國的角度看過來，中國要出海，也必須要抓住台灣，才能穿透海權國家的封鎖。所以就算中國統一，台灣也會是中國用來對抗海權國家的前線。

對海權國家美國而言，台灣是盾；對陸權國家中國而言，台灣是矛。中國不

名詞解說

麥卡錫訪台議題

凱文．麥卡錫（Kevin McCarthy）為美國眾議院議長，被外界視為共和黨務實派，對中國立場強硬。二〇二二年，曾表態支持時任眾議院議長的裴洛西訪問台灣；二〇二三年，美國媒體報導麥卡錫有意在春天訪台，引起北京反彈。四月，總統蔡英文過境美國，與麥卡錫在加州雷根總統圖書館會面，被外界視為「雙方改在美國會面」，是暫時折衷方案。

可能坐視台灣加入海權國家對抗中國，美國也不可能坐視台灣和中國統一，成爲陸權刺穿海權防線的矛。所以台灣只能是維持現狀，在海權與陸權的平衡點上保住我們的安全。

可是台灣卻不是一般島鏈國家，台灣是分裂中國的一部分，所以我們的對外關係，又多摻進了民族情緒的元素：美中對抗久了，會激起中國的民族主義；台灣維持現狀久了，會更茁壯自己的本土意識，於是本土意識和中國的民族主義就發生了碰撞甚至衝突。這種碰撞引燃的火花可能讓台灣更向海權國家傾斜，也在島內造成分裂，更升高了兩岸的緊張。

島鏈國家要在海陸兩權之間維持平衡本就不是一件易事，台灣的情況更難。夾在強權之間的島鏈國家，其實對自己的命運並沒有太多話語權。

在大方向無法改變的情況下，盡量在每一個政策動作的細部進行微調。比如美國眾議院議長**麥卡錫**（Kevin McCarthy）要來台訪問，我們改變不了，但是可以改成總統到美國過境會見麥卡錫，以減少衝擊，就是一個例子。

慎行（prudence），是島鏈國家外交的最高準則。

麥卡錫

美國眾議院議長麥卡錫曾傳出有意訪問台灣，最後是蔡英文總統過境美國時與他會面。

【經濟文化】

「魔戒」誘惑——經濟文化也能鎖緊島鏈？

科技進步與經貿互動，促成地緣經濟概念興起。當代台日關係是一種包括島鏈、供應鏈、價值鏈的「三鏈一體」強韌互動關係。這也為地緣政治提示重要方向——經濟與文化力量是建構島鏈地緣價值的關鍵內涵。

文／李世暉（國立政治大學日本研究學位學程教授）

魔戒誘惑一
支配台灣者，支配島鏈

在《魔戒》小說裡，魔戒是權力的象徵。魔戒的力量可以讓擁有者支配世界，但最終也會導致擁有者的瘋狂與滅亡。魔法師甘道夫、英雄波羅莫與王子亞拉岡，爲了對抗邪惡的索倫，都一度受到魔戒力量的誘惑。《魔戒》的故事內容引發了廣大讀者的共鳴，這是因爲，魔戒的誘惑不僅僅存在於小說的世界，也存在於現實的世界當中。

在近代國際政治的發展過程中，「地緣政治」的論述恰恰反映了此一魔戒的誘惑。從早期《孫子兵法》的「衢地」與**克勞塞維茲**（Carl Von Clausewitz）**《戰爭論》**的「鎖鑰」概念，即可看出地理樞紐被視爲一種戰略上的「兵家必爭之地」。而地緣政治論述代表者之一麥金德（Halford J. Mackinder），更是直接點出：控制了東歐就能控制大陸心臟地帶，控制了大陸心臟地帶就能控制世界島

名詞解說

克勞塞維茲《戰爭論》

卡爾・馮・克勞塞維茲（Carl Von Clausewitz），普魯士名將及軍事理論家。著作《戰爭論》主要描述戰爭史上的重要案例，將戰爭元素分為「戰術」和「戰略」。他也把戰爭解讀為「被捲入國家」之政治、社會、經濟、軍事、人口的總和較量。

（歐亞大陸），控制了世界島就能控制全世界。在「陸權論」的概念下，東歐地區就是此一地緣戰略的魔戒。

影響當代國際政治最重要的地緣政治論述，則是美國地緣政治學家斯皮克曼主張的「邊緣地帶理論」，即：支配邊緣地區者可控制歐亞大陸，支配歐亞大陸者可掌握著世界命運。在邊緣地帶理論下，位於歐亞大陸邊緣的歐洲、中東與亞洲的季風帶爲樞紐地區；而位於亞洲大陸邊緣地帶列島上的台灣，則是此一地緣戰略的魔戒。

台灣位於亞洲大陸的邊緣，向北連接琉球群島、日本列島與千島群島，向南連接菲律賓群島與大巽他群島（分屬馬來西亞、印尼）。在陸權、海權競逐的時代，台灣既是圍堵亞洲陸權國家出海的關鍵；也是亞洲陸權國家發展海洋勢力的突破口。

魔戒誘惑二

三鏈一體，台日命運緊相連

台灣在地理位置上的重要性，猶如大國競逐的權力魔戒。無論是大日本帝國時期桂太郎強調的「南門之關鍵」，美國麥克阿瑟主張的「不沉的航空母艦」，還是中國眼中的第一島鏈中心，都在在凸顯了台灣的重要性。

然而，隨著通訊、航太等科技的進步、國家間經貿互動的快速發展，改變了地理的戰略價值，但也促成了「地緣經濟」概念的興起。所謂的「兵

家必爭之地」，也從過去的樞紐地區、地緣要地，變成了經濟貿易路線、產業群聚地區。

另一方面，當世界局勢處於民主與威權相互對抗的情境下，地理概念結合了價值觀的差異，進而形成新的民主海洋國家陣營與威權大陸國家陣營。

若以地緣政治的角度來觀察台灣與日本的關係，國際政治經濟變化形成了一種全新的視角。

在地緣政治上，台灣與日本同屬第一島鏈，在冷戰時期有著脣齒相依的安全關係。對台灣來說，台灣的安全有很大一部分依賴日美安保體制；對日本而言，「台灣有事就是日本有事」。

在地緣經濟上，台灣與日本除了有緊密的經貿互動之外，也在供應鏈上形成互補的關係。

就價值觀而言，台灣與日本共享民主、自由、人權與法治的支配等價值觀，是一種普遍價值觀的鏈結關係。

結合上述地緣政治、地緣經濟與價值觀的思維，當代的台日關係是一種包括「島鏈」、「供應鏈」、「價值鏈」的「三鏈一體」強韌互動關係。而此「三鏈一體」的互動關係，也爲地緣政治提示了一項重要的方向，即經濟與文化力量是建構島鏈地緣價值的關鍵內涵。

名詞解說

自由與繁榮之弧（Arc of Freedom and Prosperity）

於二〇〇六年，由前日本首相安倍晉三與前日本外相麻生太郎所提出的倡議。主張日本應和尊重自由、民主、人權、法治等普世價值的國家合作，並且支援中亞、南亞、東南亞、波羅的海、東歐、高加索、中東等區域的民主化，已形成「自由與繁榮之弧」。被解讀為有牽制中國和俄羅斯的外交戰略意涵。

魔戒誘惑三

強權握著「魔戒」，都容易深陷欲望沼澤

在此必須強調的是，無論是第一島鏈、南門的關鍵、不沉的航空母艦，都是周邊大國對於台灣地緣戰略價值的論述。

圍繞著台灣的地緣戰略價值，荷蘭首先於一六二四年取得了台灣，其目的是爲了建立與中國、日本貿易的據點。之後，爲取得反清復明的根據地，鄭成功於一六六二年擊敗荷蘭而取得台灣的控制權。到了一六八三年，施琅率水師擊敗明鄭政權，台灣的控制權轉至清朝手中。初期清朝並不關注台灣，直到日本於一八七一年出兵台灣後，才開始重視台灣的戰略價值。

日本自明治維新之後，即開始關注台灣的地緣戰略價值。一八九五年，在甲午戰爭中擊敗清朝的日本，取得了台灣的控制權，也開啓了往南洋地區發展的國策思維。日本以台灣爲南進基地向南洋地區發展的過程中，不可避免地與歐美列強發生衝突，最終在太平洋戰爭中成爲戰敗國。

時至今日，台灣周邊的國家，又是如何看待這只地緣戰略的「魔戒」？

首先，中國不斷地對外強調，台灣是中國核心利益的核心，是中美、中日關係政治基礎中的基礎。在地緣戰略上，台灣一方面是控制日本、韓國能源命脈所在；另一方面是取得全球半導體供應鏈優勢的關鍵。

日本則是將台灣視爲其海上生命線的關鍵，也是**自由與繁榮之弧**的一環，連

地緣經濟概念興起，島鏈成為經濟貿易路線和產業群聚串聯起來的「自由與繁榮之弧」。

結東北亞、東南亞、印度的市場經濟民主國家。在地緣戰略上，台灣是日美安保體制對抗亞洲陸權國家時不可缺少的防禦線，也是日本推動區域經濟整合（如**「跨太平洋夥伴全面進步協定」**）與經濟安全保障戰略的重要夥伴。

魔戒誘惑四
哈比人要保持清醒

總的來說，隨著國際政治經濟情勢的變化，地緣思維、地緣戰略亦產生了實質的改變。但有一點是不變的，即台灣經常處於地緣風暴的中心。

在歷史上，日本取得了台灣後，引發了日美的全面戰爭；美國、台灣與日本在防禦上的合作，阻擋與牽制了中國的海洋發展；若中國取得台灣，即可突破島鏈的圍堵，形成海權國家與陸權國家的直接衝突。

在《魔戒》小說中，性格平和友善的哈比人，是少數能抗拒魔戒誘惑的種族。而魔戒最後則是回到了最初製造的地方，消失在火山口的火焰之中，終結了因魔戒而引發的權力誘惑與戰爭風險。

在現實世界裡，被周邊國家視爲地緣魔戒的台灣，一度被國際媒體《經濟學人》視爲是全世界最危險的地方。面對此一地緣與戰爭風險，關鍵並不在於周邊大國能否抗拒地緣魔戒的誘惑；而是在於：性格平和友善的台灣人能否在持有魔戒之際依舊保持清醒。

名詞解說

跨太平洋夥伴全面進步協定（CPTPP）

以太平洋區域為核心的多邊關係自由貿易協定，旨在促進亞太地區貿易自由化。二〇一八年在智利簽署，成員包含日本、加拿大、澳洲、紐西蘭、新加坡、越南等國家。目前還有一些國家已經正式遞案加入，或表明加入意願。

【軍事戰略】

台灣的戰略價值——破解中國軍方系統性弱點

台灣海峽正好把中國海岸航線一分為二，南北兩大咽喉點巴士海峽和宮古海峽，也是中國軍隊勢力通往太平洋的重要航道。若國際社會把中國戰力分散到印度和中亞地緣區，就等於在協助防禦台灣。

文／翟文中（國防安全研究院國防戰略與資源研究所助理研究員）

戰略價值一

由政治面擴大至經濟面

台灣島的位置處於第一島鏈中樞，為東海與南海間的咽喉，控制著太平洋與印度洋間的重要海上戰略通道。

從空域來看，台灣周遭是東亞地區國際航線輻輳之處。以新冠肺炎疫情前的巔峰情況為例，二〇一九年度有二十四萬一千架飛機過境**台北飛航情報區**。一旦台海周邊有事，不僅民航班機必須繞道，連接台灣與日韓的海上交通線亦可能因此中斷。

從水域來看，東北亞的日、韓兩國，原油與工業材料須由此航道輸入，工業產品也從這個航道輸往東南亞、中東與歐洲等地。

以地緣經濟產業觀之，台、日、韓三國擁有全球最重要的半導體供應鏈，也是消費性電子商品最主要生產國，對未來人工智慧、高階運算與先

進製程的發展，更具有舉足輕重的影響力。

因爲全球貿易運輸有九成是透過海路航線，台灣海峽水域的穩定不僅攸關台灣安全，也對區域安全與全球經濟具有深遠巨大的影響，台灣的地緣戰略價值已由政治面向擴大至經濟領域。

戰略價值二

台灣位置，把中國海岸航線切成兩半

中國海岸線北起與北韓交界的鴨綠江口，南至越南交界北崙河口，台灣島和中國海岸線的目測中點上海相距不遠。尤其，華南是中國工商業蓬勃發達地區，台灣位處中國東南沿海要衝，中國若掌握台灣地緣，就能發揮屏障與保護作用。

對中國航運來說，根據世界海運理事會（World Shipping Council）二〇二〇年的統計數據，台灣海峽是全球吞吐量前十大港口中的九座港口必經航路，這十大港口有七個位於中國，中國海商航運能否正常運作，台灣海峽的重要性不言而喻。倘若台灣海峽遭到封鎖，中國的國內和國際航線都將受到衝擊，航運時間、保險費用都會增加。

在軍事上，台灣海峽位於中國東海與南海間，中國海岸線在此被一分爲二，解放軍的東海艦隊與南海艦隊無法有效聯合，兵力集結與部隊調動都受制於台灣海洋地理環境。台灣對於中國海軍調度，可形成相當程度干擾。

名詞解說

飛航情報區（Flight Information Region，FIR）

由國際民航組織劃定，各個國家於所在區域負有責任，進行航空交通管制與航空情報服務。飛航情報區範圍包括國家領空外與鄰近公海上方空域。

台北飛航情報區

台北飛航情報區，北與仁川飛航情報區交界，南與馬尼拉飛航情報區交界，東與福岡飛航情報區交界，西和上海、廣州及香港飛航情報區交界。台灣與中國都主張擁有台北飛航情報區整個區域，但默契上，以台灣海峽中線為界，分別管理，僅有中線以西部分重疊。

戰略價值三
從咽喉點嚇阻中國

中國海軍的擴張已成爲全球戰略社群關切的焦點，最常被提及的議題是中國有無能力穿越第一島鏈，進入大洋。**整體而論，中國處於一個「半封閉性」海洋地理環境中，由中國沿海港口進入太平洋，必須經過許多海洋咽喉點方能抵達。**

承平時期，中國的機艦經過海洋咽喉點水域時，極易爲敵方偵獲，並尾隨監視。戰時，行蹤極易暴露，遭到敵方攻擊。

台灣北以宮古海峽與日本相望，南以巴士海峽與巴林坦海峽和菲律賓相隔，這兩條水道是中國軍隊進入太平洋必須穿越的海上通道。也因此，中國近來不斷派遣機艦從宮古海峽進入太平洋，同時在台灣西南防空識別區不斷騷擾，目的即在進行戰場經營，希望戰爭時能有效掌控與利用這些水道。

台灣海軍力量雖遠不及中國，只要妥爲運用潛艦與岸置攻船飛彈，並結合情監偵系統，可對中國海軍通過海洋咽喉點形成嚇阻效果。因此，台灣具有的海洋地理位置，實是扼制中國海軍走向遠洋的重要關鍵。

東亞地區的石油，大多必須以油輪運送，從中東經過台灣海峽。

戰略價值四

台灣自我防衛力有助地緣穩定

近年來，隨著中國軍事現代化進程的開展，人民解放軍研發並部署了多種型式長程精準打擊武器，具有倍於往昔的「反介入與區域拒止」能力。加上美國本土距離台灣過遠等因素的制約，美國軍事介入台海衝突的風險逐漸增高。

二〇二二年八月，美國衆議院議長裴洛西訪台後，中國隨即在台海周邊進行了數波聯合演訓，以茲抗議。其後，中國機艦穿越海峽中線已成爲「新常態」。這種發展加速了美國協助台灣建立自我防衛能力的步調，美國軍方透過各種途徑，用以提升台灣軍隊的戰備水準與裝備現代化程度。

另一方面，爲了保有介入台海軍事衝突的可信度，美國也與鄰近台灣的國家加強軍事合作，例如敦促日本加強西南諸島防禦工事，以及要求菲律賓提供呂宋島北方軍事基地供其情況緊急時運用。在美國形塑對抗中國軍事威脅的地緣戰略布局時，台灣除了持續推動國防自主政策外，也透過強化心防與後備動員改革等舉措，期能強化自我防禦能力，爲區域安全做出具體的貢獻。

戰略價值五

穿越不代表占領，印太戰略可以更彈性

中國艦船近期不斷穿越島鏈進入西太平洋，這種現象無損台灣在地緣戰略價值

名詞解說

制海

在軍事上控制某個海域，稱為制海。依控制的程度不同，還分為絕對制海與有效制海。

上的重要性。因爲海洋空間不似陸地，「穿越海洋」不代表「占領海洋和島嶼」，也不表示台灣將無法使用海洋。

海洋戰略這種特殊屬性，若能與台灣的海洋地理環境相結合，台灣海軍即使無法取得「**制海**」，只要能夠將制海維持於爭奪狀態，中國海軍將無法獲得絕對的行動自由。國際社會若能明瞭一旦「台海有事」就是「東亞有事」，將提高在道義或實際行動上對台灣提供更多安全支持的可能性。

以美國爲例，美國可透過與島鏈周邊的印度及中亞國家結盟，來擴大中國在地緣上的競爭空間，如印度與中亞地區，中國就必須將目前部署在台海的部分軍力調往該處。分散中國戰力，即是協助防禦台灣。

因爲中國爲陸權國家，在陸地疆域上存在著若干衝突熱點，例如中印兩國間的邊界紛爭，極可能引發大規模軍事衝突。此外，中亞區域富含天然資源，且位居戰略要衝，隨著美國對中亞的關切日增，中亞將成爲美中俄三國戰略利益的聚斂處，也將進一步使中國必須將部分軍事資源轉移至西北地區。

正因中國軍方存在著這種系統性弱點，美國若能將中國的競爭空間擴大，不僅有助台海的和平與穩定，亦使其「印太戰略」的運用更具彈性。

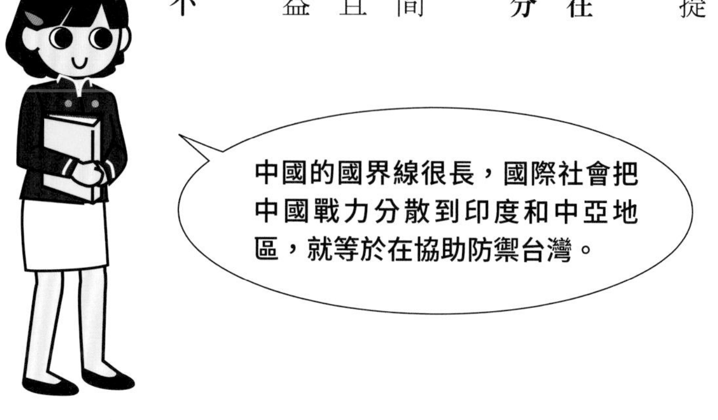
中國的國界線很長，國際社會把中國戰力分散到印度和中亞地區，就等於在協助防禦台灣。

【國防布局】

潛艦國造——台灣拿下地緣主動權

潛艦是弱勢對抗強勢的利器，不只能截長補短，支援聯合作戰，還能虛擬消耗敵軍戰力，以少勝多。台灣國造潛艦的規格適合台灣海峽水文特質，是制約中國在台灣海峽活動的保障。

文／翟文中

現代化潛艦，制約中國台海活動的保障

潛艦是現代海軍兵力的重要組成，台灣向外爭取潛艦由來已久，由於美方將潛艦界定為攻擊性武器，加上中國在國際社會百般阻撓，台灣始終無法購得現代化潛艦。

二〇一六年，台灣政府決定啓動「潛艦國造」（Indigenous Defense Submarine, IDS），由台灣國際造船公司（台船）取得潛艦國造設計案與建造案，在美國提供技術支援，並協助取得重要裝備之下，預計由台灣自己建造出八艘柴電潛艦。依規劃，首艘潛艦於二〇二三年九月下水。

潛艦國造對台灣具有重大的戰略意涵。對國內產業而言，透過工業整合使台灣初具建造潛艦的完整供應鏈，擁有技術自主能力，也強化台灣民間國防產業能量。對台灣海軍而言，隨著八艘潛艦陸續加入海軍戰鬥序列，台灣將擁有十艘現代化潛艦，水下戰力由「戰隊」提升至「艦隊」規模，協同水面與空中兵力，

名詞解說

潛艦坐底

意指，潛艇完全下潛到海床表面，對敵軍港口與軍艦進行伏擊。由於台灣海峽平均水深不到五十公尺，X型艉舵設計，可讓國造潛艦坐底的靈活度高，較不易碰撞海底礁石。

形成完整立體作戰能量。

未來，這支水下部隊將制約中國在台灣海峽與進出太平洋的活動，為台灣安全提供更為確切的保障。

首批國造潛艦，切合台灣海峽水文

目前，中華民國海軍擁有四艘現役潛艦，「海獅」與「海豹」是美國二次大戰期間建造；「海龍」與「海虎」則是荷蘭在一九八〇年代末期交付我國。由於早期地造艦工藝與武器系統已無法滿足水下戰爭需求，因此台灣才排除萬難啓動國造潛艦計畫。

這批國造潛艦，以台海作戰需求為考量，船長約七十公尺之內，寬八公尺左右，帆罩十八公尺左右，採用X型艉舵設計，在帆罩段的兩側配置平衡翼，排水量在二千五百噸至三千噸之間。X型艉舵使潛艦在台海活動時具有**「潛艦坐底」**功能，即使沒有配備絕氣推進系統（Air Independent Propulsion, AIP），仍比現有潛艦具有更優異的靜音性能與續航力，可長期於水下執行任務。

在武器系統方面，國造潛艦將配備美製 Mk 48 重型魚雷與潛射魚叉攻船飛彈，具有強大「對潛」與「反水面」作戰能力，若在台灣周遭水域執行情監偵任務，將成為一支能在亞太水域產生明確影響力的水下部隊。

2020 年 11 月，蔡英文總統出席台船公司海昌大樓揭牌，海昌大樓是潛艦國造的設計及行政大樓。（圖片提供／台灣國際造船股份有限公司）

台灣爲何需要發展潛艦兵力？

必要一

潛艦是弱勢對抗強勢的利器

完整的現代海軍兵力組成，包括潛艦、戰機與水面艦，而潛艦是最不可或缺的一環。因爲，如果水面艦與艦載機數量不足，可以部署岸置攻船飛彈，或運用陸基飛機等方式來提升戰力；但若缺乏潛艦兵力，則無法以其他方式用來塡補水下戰力。

就海軍作戰觀點來看，單艦或單機只能算是基本戰術單位的組成要素而已，必須納入編隊，接受旗艦指揮官的指揮管制，才能發揮作用。但**潛艦本身即是一個基本戰術單位，毋須與其他機艦相互配合，在戰術運用上具有較佳的彈性。**

而且，潛艦可執行商業襲擊、傳統嚇阻與海洋排拒等各種不同任務。缺少潛艦，意味著海軍執行的任務受到限縮，水面艦執行反潛操演時，也沒有潛艦作爲假想敵進行協訓。**尤其重要的是，潛艦具有的「不對稱」戰力，是弱勢海軍對抗強勢海軍的利器，所以各國海軍才積極籌建水下兵力。**

必要二

截長補短，支援聯合作戰

名詞解說

反潛作戰
(Anti-Submarine Warfare)
反潛作戰是指搜索、偵測、驅趕、攻擊、摧毀水下潛艇的軍事行動或任務，英文簡稱 ASW。

潛艦是聯合作戰（Joint Operation）中不可或缺的偵蒐與打擊載台。聯合作戰被視為未來最可能出現的作戰型態，透過有效整合各軍種的能力，截長補短，可提升整體戰鬥效能。

在開展聯合作戰時，潛艦除可執行傳統海軍任務外，尚可執行對陸攻擊、情報支援、特種作戰支援、延伸戰鬥空間控制（extending control of the battlespace）等不同型式的任務。例如，進行軍事行動前，潛艦可部署至敵方防禦嚴密水域，進行情報蒐集或運送特種部隊，滲透至敵方海岸進行除障與破壞。將可提供聯戰指揮官更多的情資及行動選項，增加擬訂作戰計畫時的韌性與靈活度。

在進行地面戰鬥時，潛艦可以運用攻陸飛彈，打擊敵人指管節點及重要目標，支援與協助地面部隊戰鬥。此外，潛艦也可操控無人空中載具（Unmanned Aerial Vehicle, UAV）與無人水下載具（Unmanned Underwater Vehicle, UUV），拓展戰鬥空間偵察能力。

當前許多國家已擁有現代化潛艦，有效因應來自水下的威脅，各國海軍也都透過反潛操演來強化本身反制敵方潛艦的能力。**例如，近年舉行的美韓與美日聯合軍演中，反潛作戰**（Anti-Submarine Warfare）**是整個演習科目的重點**。

在反潛訓練中，潛艦通常扮演著假想敵的角色，用來訓練我方機艦如何對敵方潛艦進行偵測、追蹤、識別、獵殺與摧毀等流程。潛艦也會在演習中執行對地攻擊、特種作戰與情監偵支援等科目的協訓。

近年，美國與日本頻繁進行聯合軍事演習。圖為日本海上自衛隊潛艦停泊在橫須賀港。

必要三

虛擬消耗敵軍戰力，以少勝多

隨著衛星與各式感測器效能不斷提升，許多國家具有比以往更好的情報監視與偵察能力。因此，隱匿機艦行蹤、保有行動自由，就成爲決定作戰的勝負關鍵。當前的科技發展，沒有任何戰爭工具能如潛艦般行蹤難測，使敵方感測器無法精確掌握動向。**潛艦具有的優異匿蹤能力，不僅可增加其在戰場上的存活度，也可發揮「虛擬消耗」的功能，達到「以少勝多」**。

潛艦與反潛機艦的對抗被比喻成「貓捉老鼠遊戲」。更確切地說，是「偵測潛艦」與「潛艦匿蹤」兩項科技間的競爭。由於兩種科技存在著不對稱發展，「偵測潛艦」極具挑戰。偵潛作業主要透過聲納，由於聲音在水中的傳播受到海水溫度、深度與鹽度的影響，加上風力與洋流等自然因素干擾，在茫茫大海中找到潛艦，有如海底撈針。另一方面，潛艦欲降低爲反潛機艦偵知的機率，也必須利用聲波傳播死角進行隱匿。

嚴格而論，「反潛作戰」與「潛艦作戰」勝負的關鍵，在於競爭兩造對海洋整體環境的掌握度。這也是各國海軍在潛艦活動或敵潛艦可能出沒水域，利用海研船蒐集水文資料，強化海洋覺知能力的主要原因。

潛艦軍事功能多元，除了可發揮不對稱作戰能力，在聯合演習中，還可扮演假想敵的角色，訓練我方偵測敵軍。

7 台灣的觀點可以是

地緣牽動大局，大局影響地緣。

對台灣來說，地緣政治走勢是極現實的生存問題，比意識形態選擇還重要。

台灣該站在海權或陸權陣營？應選擇民主價值或民族情感？有四組對照觀點，提供務實思考與交叉辯證。

經過這四重腦力激盪，沒有共識的議題，也能逐步形成共識。

視角起步：什麼是現況？爲何維持現況？

在過去，台灣人面對中國的軍事威脅，因身為島鏈戰略成員，而有了同盟，也有了安全感。但一路從冷戰、後冷戰到新冷戰，海峽情勢再度升溫，台灣持續站在島鏈陣營中，該持什麼視角來縱觀全局？

文／邱師儀（東海大學政治學系教授）

當兩岸關係平和時，台灣是兩岸文化與經濟交流頻繁的通商口岸；當兩岸關係緊張時，尤其是近期美中對峙升高之際，台灣始終是島鏈中圍堵中國的最前線。**對於美國和台灣來說，都是以「維持台海的和平現狀」作爲各自利益的延續。**美國的觀點是，美國不希望台灣被中共拿下，最好台海一直保持在現況中，因爲如果台灣變成中國領土，將對美國形成直接性的軍事威脅，讓美國在南海所倡議的航行自由難上加難。

在台灣，雖然不同政治光譜選民的國家認同還沒有形成共識，但台灣的三個主要政黨都會希望台海維持現狀，特別是在現階段美國不可能公然支持台灣**法理獨立**的情況下，台灣以「維持現況」方式的**實質獨立**，正好符合民進黨、國民黨和民眾黨的政治主張與執政方向。

所謂的「維持現況」，明白地說，就是「中華民國一直事實存在著、一直擁有主權，而且發展出有效的民主政治體制，擁有一定數量的邦交國。」

名詞解說

法理獨立

是指台灣脫離中華民國體制，改以台灣為國號，制定新的憲法，真正成為新的獨立國家。

實質獨立

一般是指維持現況，中華民國事實存在，是主權和政權獨立運作的國家。尤其，一九九六年台灣施行總統民選後，被認為是民主化的中華民國。但是，強調「一國兩制」的中國，並不承認「中華民國」是事實存在的。

從這樣的角度來分析，對民進黨來說，台灣以「維持現況」的方式實質獨立，而非改變國號的法理獨立，既可延續其一貫的台灣主體性主張，也可同時吸引泛綠選民和中間選民。

對國民黨而言，「維持現況」能夠證明國民黨過去幾十年捍衛民主中華民國或提出九二共識「一中各表」的作法，是確實有成效的。因爲中華民國從建國到扎根台灣，都一直持續存在於國際社會。

以民衆黨的角度來看，「維持現況」，在一定程度上體現出民衆黨「不紅統」、「不急獨」的中間路線，可以一直保持國家論述模糊性，進而吸收到淺藍、淺綠和中間選民。

總結上述，對美國、對台灣不同政黨與政治傾向的選民，台灣都是島鏈中獨立且安全的存在，在情感上象徵著台美同盟有效對抗威權中國。**所以台灣長久以來站在島鏈陣營的一邊，不只是客觀的地緣政治情勢使然，更是捍衛民主自由的結果。**

「中華民國」是台灣社會最大的公約數，但台灣能藉此維持現狀？圖為 2021 年雙十國慶活動，一架軍用直升機懸掛國旗飛越台北上空。

四組對照觀點，形塑台灣地緣政治觀

地緣政治、外交模式、戰略位置、意識形態，四組對照觀點，是務實思考和自我腦力激盪的簡潔途徑。

文／邱師儀

1 地緣　價值選擇 vs 島鏈情結

◆價值選擇：台灣應該堅持站在民主陣營？

從地緣政治來看，台灣堅持與民主陣營聯盟，甚至有更進一步的合作，是對的嗎？台灣把台灣海峽當作是自己的前線緩衝地帶，從現實眼光看來，是對的嗎？

這兩個問題的答案都是「對的」，否則台灣也別無選擇，除非台灣人願意接受所謂的「一國兩制」，然後步上香港後塵。

對於台灣來說，美國把台灣納入抗中的民主陣營，倒不是台灣人一廂情願的想法，而是美日印澳集團以國家利益爲考量後的決定。而且，隨著習近平的野心日益擴大，南韓、菲律賓與越南也都有靠向美國的跡象。

如果台灣被中共拿下來，也代表著美國超級強權地位的結束之日，這是戰略學家**勒特韋克**（Edward Luttwak）警世的註解。

名詞解說

愛德華・勒特韋克（Edward Luttwak）

美國著名大戰略、軍事戰略、地緣經濟學、軍事史與國際關係學者，以《政變實務手冊》、《戰略：戰爭與和平的邏輯》等著作聞名。具備政府與企業諮詢服務的經驗，各種預測均被認為深具參考價值。

勒特韋克認爲，如果有一天中共眞的拿下台灣，不但美國將立刻進入備戰狀態，日本也會恢復徵兵制，並在三年內成爲核武大國，連帶南韓、菲律賓與越南都會進入備戰狀態。

台灣作爲美國抗中的戰略要地，台灣海峽又是台灣抗中的緩衝地帶。我們不能小看台灣海峽，它絕對是遏制共軍犯台最主要防線的原因。

◆島鏈情結：台灣太依賴自己在島鏈上的戰略位置？

台灣人有「島鏈情結」？長久以來太依賴自己在島鏈上的樞紐位置、戰略夥伴，以至於看不清楚客觀現實？其實島鏈戰略並保護不了台灣？

島鏈戰略的思考有兩種，**第一種**是台灣不用靠美國直接介入，就能把入侵的共軍打到元氣大傷，這種時候第一島鏈的主導權在台灣手上。

第二種是在共軍來犯時，如果美軍沒有在幾天內直接介入，則國軍可預見將全面潰敗。

從地緣政治的觀點來看，台灣，絕對是第一島鏈最中間也是最重要的位置，彷彿是美國的哨兵，當中共潛艦要駛出第一島鏈，就能及時提供給美方情報，協助他們預判情勢。

說「台灣人長久以來依賴自己在島鏈上的樞紐位置、戰略夥伴」，不盡正確。

美國把台灣納入抗中的民主陣營，不是台灣人一廂情願的想法，而是美日印澳集團以國家利益為考量後的決定。

如果說台灣有什麼島鏈情節，那應該是美國爲什麼仍維持一貫模糊態度——「遵守一中政策、反對台獨、不說破美軍干預台海」的原因。美國人不希望台灣人沉溺於島鏈情節，而太過懶散地不願意訓練與武裝自己。

台灣要瞭解，同盟主義基於互助主義，美日不會去幫助一個連自己都不幫助自己的台灣。所以台灣恢復徵兵制，並逐步將役期延長至一年以上是對的方向，但在少子化與台灣年輕人心態上有質變的情況下，仍有許多困難需要克服。

簡言之，如果台灣人不怕打，中共就有可能輸；也只有台灣人不怕戰，台灣安全才能久久長長。

外交2 日本模式 vs 菲律賓模式

◆日本模式：與美國更密切合作，並對中國抱持更高度的警戒？

台灣因國家主權議題，無法像其他國家一樣，玩左右兩手策略，對左右兩邊也都抱持警覺。在這盤棋局中，台灣該走「日本模式」或「菲律賓模式」？

日本在《美日安保條約》之下，不論在心理狀態或是美日軍事同盟的承諾下均感到安心。

另一方面，菲律賓至少在總統**杜特蒂**時代，擅長在美中兩邊要價。雖然菲中之間有南海的問題要解決，但當時杜特蒂仍有求於中國的經援，因此不見得事事

名詞解說

杜特蒂

菲律賓前總統。在外交上，改變菲國親美立場，疏遠美國與歐盟，積極與中國和俄羅斯建立關係，也在美國和中國之間左右搖擺，試圖獲得雙方的經濟與軍事援助。對中國在南海建造人工島的態度較不積極。

都要跟著美國抗中。雖然現在的小馬可仕政府又更親美了一點，但並不代表將來的菲律賓就會一直親美。

這裡有兩條理路，第一，台灣走「日本模式」，即與美國更密切合作，並對中國抱持更高度的警戒。但是，美日同盟無法全部複製到美台同盟的原因是，美國尚無法完全展現清晰的戰略態度，美國可以讓中國知道，「如果你敢動日本，我一定跳下來打你」，但至今美國仍無法清晰到讓中國知道，「如果你敢動台灣，我一定跳下來打你」。

因此，若採「日本模式」的困難點會是，台灣要有成爲美國對抗中國「代理人」的決心。**現實上來說，美台同盟會需要台灣有與中國一戰的決心，而不是美國有挺身爲台灣而戰的決心。**

在美中競爭架構下，從拜登四次提到台海有事美軍一定介入的跡證來看，美軍介入台海衝突，中長期來看一定是愈來愈肯定的。

◆菲律賓模式：台灣有在美中兩邊同時押寶的空間？

台灣若採用「菲律賓模式」，可在美日海權與中國陸權兩邊左右逢源，對美國要求軍事援助，對中國要求經濟讓利。同時台灣也可以在有領土爭議與漁權問題時表達強烈抗議。例如，釣魚臺主權爭議與台日、台菲漁權問題。

美台同盟會需要台灣有與中國一戰的決心，而不是美國有挺身為台灣而戰的決心。圖為中華民國特種部隊在自由廣場上演訓。

但台灣很難複製菲律賓模式，要走菲律賓兩邊押寶的避險策略，前提是中國承認台灣是一個主權獨立的國家。因爲只有那樣，台灣才能維持對中淡淡的友好關係，但任何人都知道這是不可能的。

在中國主張與台灣「血濃於水一家親」的前提下，維持中立的台灣靠近美國一點時，中國就會不斷懲罰台灣，包括將台灣阻擋在國際組織之外與阻斷台灣的邦交國；而維持中立的台灣靠近中國一點時，儘管中國願意在經濟上讓利，但「軟土深掘」換來的就是台灣逐步的主權流失。

如果台灣想要邁向現狀獨立，甚至長遠的法理獨立，兩邊押寶只會離民主自主目標愈來愈遠。一個比較理想的狀態是，台灣持續親美抗中，在世界局勢變化下，讓美國漸漸覺得必須要親自下來打中國，那就有可能是中共垮台契機的開始。所以台灣在島鏈中要安於自己的戰略定位，除了要沉得住氣，也要比氣長。

戰略3 美國不沉航空母艦vs中國不沉航空母艦

◆美國的不沉的航空母艦：美日澳會是可信賴的夥伴及後勤補給支援？

「不沉的航空母艦」是指在地緣上具有重要戰略地位的島嶼，具有像航母一樣的空軍基地功能，但又不會被擊沉。台灣被稱爲第一島鏈上「不沉的航空母艦」，海權國家和陸權國家都想掌握。但是，如果台海現況打破，台灣這艘航母被歸到

名詞解說

蘇比克灣海軍基地

位於菲律賓呂宋島中西部的深水港口，可停泊核動力航空母艦。一九九二年美軍基地關閉後，曾一度規劃為自由港經濟特區。二〇〇〇年，美國軍艦再度定期停靠蘇比克灣，也定期舉辦美菲聯合軍事演習。

任何一方，都將成爲國際關係權力下的緩衝地帶與軍事前線。

台灣如果變成兩大權力的緩衝地帶，會面對什麼樣的命運？會成爲強權戰略前緣的軍事熱點？台灣若淪爲別人的「緩衝地帶」或「軍事前線」，又會如何？

如果要釐清這些疑問，應該從兩方面思考：

第一，台灣如果變成美日主導的「海權前緣」，美日澳會是可信賴的夥伴及後勤補給支援。不要說美日澳沒有放棄台灣作爲軍事抗中的基地，從貿易的觀點來看，世界上一年有一半的貨船要通過台灣海峽，而全球容量前十分之一的大型貨船，更有百分之八十八會經過台灣海峽，這些貨船不只裝載衣物與家電，更承載著維持美歐先進科技運作的半導體。這也就是爲什麼中國每次在台海附近的軍演，美歐國家都會密切關注甚至譴責的原因。

此外，台灣離美國還是太遠，美國的軍力投射平時一定就要在台海附近。除了美國陸戰隊、海軍、空軍已駐軍日本，美國更需要菲律賓。原本美國已可使用菲律賓五個空軍基地，現在又可以增加四個。對美國來說，菲律賓的**蘇比克灣海軍基地**特別重要，不僅航母、潛水艇可以停靠進去，旁邊也有一個機場供美國運輸機進出。

◆中國的不沉的航空母艦：淪爲中國的軍事前線？

其次，如果最後是中國統一了台灣，台灣則將成爲中國這個陸權國家的前

菲律賓蘇比克灣海軍基地，一艘美國海軍艦隊補給油輪正停靠在港灣中。

緣，也就是中國戰線的最外緣。如此台灣不僅會是中國海陸空軍事重鎮，也會變成幫中國阻擋來自於美日砲火的熱線緩衝地帶，更將成爲陸權中國掐住東亞咽喉點的工具。

如果是這樣的話，中共在統一台灣之後，會先將有反抗意識的台灣人流放到中國內地，並且在台灣移入大量的中國人。如此一來，中國便可以建設台灣爲對抗美國的刺蝟島，並以台灣爲據點朝向關島、夏威夷甚至是美國本土部署核子武器。中國對待邊疆如新疆、西藏並將其武裝爲要塞堡壘多有前例可鑑，台灣當然也不例外。

4 地圖上的自我洞見 自由主義派 vs 現實主義派

台灣內部的知識份子大體分爲兩派：以歐盟爲經驗的親中「自由主義派」；與加入海權美國對抗兩個陸權大國中俄的親美「現實主義派」。兩派其實都有地緣政治的論述基礎。

主張歐盟路徑的自由主義者當然不見得認同中國威權，但他們會希望在中國逐步開放之下，進行某種程度的兩岸統合甚至統一。但顯然習近平之後的中國，益發封閉與倒退，所謂中國開放根本是緣木求魚。

烏俄戰爭後，世界局勢更往現實主義者所預測的方向發展，以美國爲首的諸多海權國家，包括英國、日本、澳洲等都希望遏止中國進一步擴張，尤其是中國意圖輸出「民主不見得較佳」的概念，在川普與許多民主國家的民粹風潮中，似乎給了中共絕佳的大外宣說詞。

台灣雖然不大，但卻是民主世界遏止極權世界向外滲透的咽喉點，也是中國透過台灣海峽往太平洋投射軍力最重要的塞子。這個塞子一旦被打開，躲過第一、二次世界大戰肆虐的美國，就有可能結束她的長治久安，因此台灣的存亡直接關係到美國國力的維持。

所以可預見接下來的二、三十年，美國藉由台灣打中的力道勢必愈來愈強，甚至美國內部的親中勢力都有可能遭遇選舉挫敗，二〇二四年的美國大選值得密切觀察。

台灣當然可以不隨美國起舞，但卻無法因爲親共而放棄已努力數十載才換來的自由空氣。長期被霸凌的小孩眞的沒有放棄自我防禦的道理，地緣政治對台灣來說是生存的問題，比意識形態選擇更爲重要。

地緣政治筆陣

將軍銳眼看台海南北地緣軍事布局

美菲「肩並肩」，日本「北反導、南防電」

台灣海峽南北兩側的軍事布局愈來愈明確、緊密。南邊，美國與菲律賓恢復「肩並肩」演習；北邊，日本著重「源頭打擊」布局。

文／張延廷（前空軍中將副司令、清華大學榮譽講座教授）

台海南邊，美菲「肩並肩」

二〇二三年，美菲恢復舉行睽違五年的「肩並肩」（Balikatan）演習，這是小馬可仕上台以來向美國靠攏的政策，由於美國向菲提供退役的兩艘「颶風級」近岸巡邏艇，加上中共先前派出上百艘海警船及海上民兵出航南海黃岩島、仁愛礁、仙賓礁等進行「繞島」巡航，這場博弈格外受到國際重視。

美國近年已數度提供海岸警備隊的退役船，以「熱艦」的方式轉交菲國使用，加強馬尼拉對抗中共的海權擴張。然而這種以白船（海警）取代灰船（軍艦）的策略，也被中共如法炮製，除了向菲進行海上示威，更以非傳統安全的海上力量掩護正規海軍艦隊，進一步鞏固海權，不難看出中共對南海主權的聲索技術，已有新的手法。

二〇二三年一月小馬可仕出訪北京，但稍後在有美國的軍事協防承諾後，就對長期擱淺占據在仁愛礁的登陸艦進行補給，也有菲國政界和傳媒聲稱將開發中

名詞解說

熱艦

熱艦是指在役艦艇，經雙方點交和測試後，即可使用。冷艦則是退役的艦艇，必須經過翻修才能使用，耗費時間和金錢成本都較高。

業島，甚至要讓美軍登島，可見菲國對中政策已進入試探階段。

此外，美、菲也達成協議，開放美軍使用菲國境內的四座基地，並加快重啓其他五座營區，等於讓未來美軍能堂而皇之進駐鄰近南海的前哨站，大幅增加中共對該區域的控制難度。

美國抗中盟友陣線，延伸至南海

美國 **F-22** 戰機也首度飛抵克拉克空軍基地，並展開相關訓練。這批 **F-22** 戰機遠從阿拉斯加長達七千公里的航程飛來，目的在向東協展現美國新規劃的「敏捷作戰部署」能力，以及對盟友在印太安全的承諾，實則亦維持美國在印太區域的地緣利益。

另外，二〇二二年十一月起，美國空軍陸續汰換駐防日本沖繩嘉手納基地的 **F-15** 戰機，取而代之的主力也是從阿拉斯加飛來的 **F-22**。其實美軍是想透過在印太部署先進戰機，展現嚇阻區域潛在威脅的決心，甚至不排除先進戰機常駐印太地區。

種種跡象，已透露出美國有意將原本在東北亞日、韓抗中盟友陣線，在菲律賓新政府上台後，延伸到南海，同時全面強化第一島鏈的海空戰備。

在「肩並肩」演習中，值得注意的是美菲是否超越「機動部署」的規格，運用高機動砲兵火箭系統海馬斯（HIMARS）以上的戰略等級軍備，例如「薩德」

美國 F-22 猛禽戰鬥機，是全球公認最強的空優戰鬥機。

戰區級防空系統，或者派遣搭載新型神盾雷達的驅逐艦參加海空聯演。

其次，礙於菲國的先進軍事基礎建設已荒廢多年，暫時不可能接收高複雜軍備，因此，中、菲的「海警對峙」場面，如果在演習期間也照常出現，等於考驗美國是否有直接介入的決心和實踐對菲的安全承諾。

台海北邊，日本建立綿密飛彈網防中國航母

在台海北邊的宮古島，同樣有新地緣態勢成形。

二〇二三年四月，日本陸上自衛隊一架 UH-60JA 直升機，在琉球群島西南方的宮古島附近海域墜毀。由於防衛省同年三月才在石垣島部署防空和反艦飛彈，因此事件背後不難看出自衛隊高官視察西南離島群，是要進一步建立綿密的飛彈網，以便對中國航母戰鬥群遠海長航進行反制戰略。

近年日本配合「美日安保」內容與「專守防衛」的修訂，在陸軍力量上，防衛省計畫以沖繩爲中心建立「沖繩防衛群」，以第十五旅團爲前鋒，並以駐防九州的第八師團爲戰略預備隊，將二者串聯成能遂行聯合作戰的單位。其戰備範圍從九州島，一直延伸到第一島鏈的八重山群島。

宮古島自一九八〇年代就是「美日同盟」架構下在西南離島的部署重點，原本沒有機場，僅有氣象觀測台，對外空運依靠西側附屬的下地島機場。二〇一〇年日本在石垣島擴建航空設施，設置衛星和**太康導航儀器系統**，讓日本的大型戰

名詞解說

太康導航儀器系統

通常由軍隊使用的電子導航裝備，可全天候、遠距離的提供飛機所需方位與距離座標資料。

鬥機和美軍勤務機能在天氣多變時起降，算是宮古島的軍事現代化起步。

日本軍事策略明確，北反導南防電

近年來，日本防衛省在西南離島的部署不斷，目的就在鋪設一張「防空和反艦飛彈網路」，以便達到「北反導（反彈道飛彈）南防電（反複雜電磁）」的新軍事戰略目標。原本在沖繩本島只部署少量的近程防空飛彈，但近年已經陸續將警備隊、沿岸監視部隊和防空、岸艦飛彈快速擴張。

宮古島和台灣距離僅三百八十公里，石垣島距離台灣更只有二百七十公里，而日本目前部署的 03 式防空飛彈射程雖僅五十公里，但 12 式岸對艦飛彈的性能數據，防衛省並沒透露，而且在後續報導所展示該型飛彈的兩種部署模式，似乎有意淡化對此地區的防務影響。

還有，依日本坊間軍事刊物透露，從二〇二二年八月中共在台灣東部飛彈演習以降，自衛隊已在 12 式飛彈積極研製增程版，使其能攔截中共的短程彈道飛彈。此外，將 12 式岸對艦飛彈系統的最大射程提升到一千公里，亦可在必要時對敵人實施「源頭打擊」。

宮古水道是國際航路，也是中共海軍經常遠海長航訓練的必經之途，以此推測，日本在此及附近島嶼部署的 12 式岸對艦飛彈，極可能是「增程版」，有能力對宮古水道實施戰略封鎖。

海馬斯（HIMARS）高機動性多管火箭系統，擁有射程遠、機動性高的優勢。

未來自衛隊三個軍種的反艦飛彈群若部署完成，配合美軍在琉球的電子情報偵蒐預警能力，將對中共海軍的遠海長航形成極大壓力。也因此，中共海軍艦隊近期頻繁假道巴士海峽，企圖藉此繞過日本的反制。

黃金陣容作者群（按姓氏筆畫排列）

李世暉｜政治大學日本研究學位學程教授、台灣日本研究院理事長
邱師儀｜東海大學政治學系教授
巫仰叡｜「巫師地理」粉專社群版主
張延廷｜前空軍中將副司令、前空軍官校校長、前空軍航空技術學院校長、清華大學榮譽講座教授
張孟仁｜輔仁大學義大利語系副教授兼系主任、外交暨國際事務學程召集人
湯智貿｜東吳大學政治學系助理教授
歐錫富｜國防安全研究院中共政軍與作戰概念研究所研究員兼所長
黃恩浩｜國防安全研究院國防戰略與資源研究所副研究員
翟文中｜國防安全研究院國防戰略與資源研究所助理研究員
劉必榮｜東吳大學政治學系教授
柯筆辰｜資深國際時事觀察人
陶雨融｜資深國際時事觀察人
林俊宇｜資深國際時事觀察人

地緣政治筆陣徵文

對國際關係有獨到見解嗎？「地緣政治筆陣」單元邀請您抒發己見、腦力激盪。

不限地緣區域與議題，來稿文長以八百字或一千二百字為宜，本社擁有編輯與刪改權，不願刪改者請特別註明。本單元亦接受漫畫投稿，請以 JPG 格式傳送。恕不接受一稿多投。

來信主旨請註明「地緣政治筆陣徵文」，並附真實姓名、身分證字號、職業、通訊地址及戶籍地址（包括區里鄰）、聯絡電話、銀行帳號（註明分行行名）、E-mail 帳號。刊登前將以 E-mail 通知；稿費作業將專函聯繫。

徵文信箱：crystal@bookrep.com.tw

Geopolitics 地緣政治 001

地緣政治Vol.1：

島鏈風雲

地理×戰略×大局，在強權競逐中換位思考，秒懂地圖上的叢林法則

總 編 輯／林奇伯
主　　編／林俊宇
責任編輯／鍾秀美
美術編輯／林家琪
封面設計／林家琪
圖像授權／達志影像

出　　版／明白文化事業有限公司
　　地址：231 新北市新店區民權路 108-3 號 6 樓
　　電話：02-2218-1417　傳真：02- 8667-2166
發　　行／遠足文化事業股份有限公司（讀書共和國出版集團）
　　地址：231 新北市新店區民權路 108-2 號 9 樓
　　郵撥帳號：19504465 遠足文化事業股份有限公司
　　電話：02-2218-1417
　　讀書共和國客服信箱：service@bookrep.com.tw
　　讀書共和國網路書店：https://www.bookrep.com.tw
　　團體訂購請洽業務部：02-2218-1417 分機 1124
法律顧問／華洋法律事務所 蘇文生律師
印　　製／博創印藝文化事業有限公司

出版日期／ 2023 年 7 月初版
定　　價／ 480 元
I S B N ／ 978-626-97577-1-8
書　　號／ 3JGE0001

電子書 E- ISBN 9786269757701（EPUB）

國家圖書館出版品預行編目 (CIP) 資料

地緣政治 . Vol.1 : 島鏈風雲 : 地理 X 戰略 X 大局 , 在強權競逐中換位思考 , 秒懂地圖上的叢林法則 / 林奇伯總編輯 . -- 初版 . -- 新北市 : 明白文化事業有限公司出版 : 遠足文化事業股份有限公司發行 , 2023.07　面 ;　公分 . -- (Geopolitics 地緣政治 ; 1) ISBN 978-626-97577-1-8(平裝) 1.CST: 地緣政治 2.CST: 國際關係 3.CST: 戰略
571.15　112011019